행정구역 개편과 시군통합의 효과

행정구역 개편과 시군통합의 효과

최 락 인

KSi 한국학술정보[주]

서 문

최근 지방자치제도에 대한 의제 중에서 정치권을 중심으로 자치계층 구조를 축소하자는 행정구역 개편에 대한 논의가 새롭게 대두되고 있다.

현재의 행정구역의 모습은 일제시대에 식민지 통치의 목적으로 그 틀이 마련되었으며 해방 후에도 독재정권들이 지배와 통치 목적으로 이를 그대로 유지하였으나, 1992년 지방자치시대의 도래로 행정구역의 개편에 대한 필요성이 제기되었다. 1994년도부터 시작된 도·농 통합에 대한 논의는 그 이전에 실시되어 오던 지방행정구역개편의 추세인 도농분리형, 성장거점식 개편방식에 대한 비판에서 시작되었으며, 1995년을 기점으로 도·농 통합형 지방자치구역 개편이 전국적으로 일제히 실시되어 현재에 이르고 있다.

그 이전 1980년대까지는 도농분리형 시승격 위주의 지방행정구역개편이 이루어졌으나 이는 도농간의 불균형성장을 초래함으로써 외부효과(externalities)를 내부화(internalization)하려는 광역행정의 추진에 걸림돌이 되어 행정의 비능률을 초래하였다. 그러나 이러한 비판적 시각을 기초로 하여 시작된 시·군 통합은 생활권과 자치구역의 일치, 행정비용의 절감, 행정서비스 공급에 있어서의 규모의 경제실현 그리고 도·농간의 지역균형개발에 대해서 충분히 검증할 시간을 거치지 않고 정부주도에 의한 다분히 정치적 의도를 가지고 일사천리로 이루어져 그 효과성에 대해서 많은 논란이 예상되고 있다.

이에 반하여 3년이 흐른 후인 1998년 4월 1일에 여수시, 여천시, 여천군 주민들의 자발적인 발의에 의해 주민투표를 거쳐 시·군통합을 이룬 여수시는 일정한 기간의 산고를 거쳐 민주적인 방법에 의하여 통합이 이루어졌으나 여전히 정치적인 영향력이 작용한 것으로 드러났으며 이러한 통합여수시에 대한 평가는 그 시사하는 바가 상당히 크다 할 수 있겠다.

　본서에서는 지방자치구역 개편에 대한 통합이론을 바탕으로 여수시통합이 지방자치단체와 공무원 및 지역주민들에게 미치는 영향을 분석·평가하여 그 결과를 바탕으로 향후 추진될 도·농 통합형 지방자치구역 개편의 결정과정과 운영에 있어서 고려해야할 정책적 시사점을 도출하여 그 대안을 제시하고 있다.

　먼저 통합여수시를 대상으로 도·농 통합이 자치구역개편에 미치는 영향과 효과에 대한 연구를 위하여 주민통합부문, 행정서비스부문, 재정부문, 지역개발부문 등 4가지 영역을 중심으로 지역주민과 공무원을 대상으로 조사·분석을 하였으며 그 문제점과 과제를 조망하고자 한다. 분석결과를 살펴보면, 주민통합부문에서는 우선 통합에 대한 종합적 평가는 보통수준으로 아직 통합시가 광역행정의 수행으로서의 이점이 실현되지 않은 것으로 보이며, 행정서비스부문에서는 행정비용의 절감효과가 조금씩 나타나고 있으며, 향후 공무원 인력의 감축에 따른 비용절감효과도 가시적으로 높게 나타날 것으로 전망된다. 그리고 재정부문은 일반회계 세출액이 다소 감소되어 통합으로 인한 예산절감효과가 상당히 높은 것으로 보이며 통합 후의 재정자립도는 상당히 떨어졌으나 점차 개선되고 있다는 조짐이 보이고 있다.

　마지막으로 지역개발부문에서는 개발균형정책에 대한 인식면에서는 대부분 중립적인 입장이었으나, 공무원들의 인식도는 상대적으로 높았고 지역개발균형에 대한 인식도는 상대적으로 불만족스럽게 나타났다.

　이러한 분석결과를 바탕으로 향후 통합시가 나아가야 할 발전방향에 대한 정책적 제안을 제시하면, 첫째 주민통합과 화합을 강화해야한다는 것이고, 둘째 행정서비스를 확대하여야 하며, 재정의 효율적 개선이 요구된다고 할 수 있다. 그리고 지역사회 개발 투자의 공평성을 확보하여야 한다. 장기적인 광역권 종합발전계획을 수립하기 위해서는 농촌지역에 정주생활권을 보장하는 편의시설을 제공하여 불편함이 없도록 배려하여야 하며, 지역적 호조건을 살려 관광이나 레저산업을 유치하여 소득증대를 꾀하고, 이를 위한 도로확충과 교통망을 도시지역과 연계해서 발전시켜 나가야 한다. 또한 광역도시로서의 중심도시화를 이룩하여 급변하는 환경변화에 능동적으로 대처할 수 있도록 하여야 한다.

새로이 시·군 통합을 추진하고자 하는 지방자치단체에 다소 도움이 되기를 바라며 새로이 대두되고 있는 자치구역 계층의 개편에 많은 참고가 되어 자치구역의 균형발전과 지역주민의 삶의 질(quality of life)을 향상시키는 지방자치 행정의 실현을 기대해 본다.

여러 가지로 어렵고 힘든 작업이었지만 지방자치의 시대에 맞는 진정한 지방자치의 실현을 위한 제언과 지방자치를 공부하는 후학들에게 효율적 지방자치를 위한 지역자치 계층의 의미와 가치를 논리적으로 심어주기 위해 노력하였다. 부지불식간에 많은 오류가 있었을 것으로 생각되며 독자들의 많은 비판과 채찍을 기대한다. 이 책이 나올 수 있도록 은사를 주신 하나님께 영광을 드리며, 이 책의 출간을 흔쾌히 허락해주신 한국학술정보(주)의 채종준 사장님과 출판사업팀 박주선씨, 그리고 직원 여러분께 감사를 드린다.

2006년 6월
수리산 연구실에서
최 락 인

목 차

표 목차

그림목차

第1章 序　論

第1節　研究의　目的

　　1994년부터 정계와 학계 등에서 논의되어 오던 우리나라 지방자치단체의 자치구역 개편에 대한 논의가 도·농 통합이라는 새로운 자치구역 개편방식으로 수렴되어 1995년 1월 1일부터 1996년까지 전국적으로 45개의 통합시가 발족되었다[1]. 그리고 현재도 여러 지역에서 시·군 통합에 대한 논의가 계속 진행되고 있다.

　　이러한 도·농 통합의 진행과정에 편승하여 몇 차례의 시도와 실패 끝에 마침내 주민의 자발적인 발의에 의해 1997년 9월 9일 주민투표를 거친 후 1998년 4월 1일 3여(여수시, 여천시, 여천군)가 통합을 이루게 되었다. 이와 같은 주민자발적 도·농 통합 형태의 자치구역 개편은 세계화시대에 있어서 그 시사하는 바가 매우 크다 할 수 있겠다.

　　탈냉전시대의 신 국제질서는 세계화(Globalization)로 특징지을 수 있다. 세계화는 초 국가단위로의 또는 국가로부터 원심력적 분화를 수반하고 있다. 한 국가의 통제영역을 벗어나는 세계경제체제의 등장은 국제질서를 크게 변모시킨다. 범 국가간의 관계와 교류의 확대가 특정국가의 영향력을 제

---

1) 도·농 통합은 1995년 1월 1일 경기도 남양주시 등 35개시가 시·군 통합방식에 의한 도농통합시 출범을 시작으로 3차에 걸쳐서 전국적으로 이루어졌다. 도·농 통합은 시·군 통합방식과 군의 시승격방식에 의하여 전국적으로 총 45개의 도농통합시가 출범하게 되었다. 도·농 통합이 이루어진 이후 우리나라의 도시 수는 74개에서 73개, 군은 136개에서 89개로 감소하였다. 본논문, 제3장 제2절 (표3-2)참조.

한해 왔고, 국제조직과 기구의 현저한 증가와 더불어 다자간 협상과 범국가적 상호작용은 국가들의 활동범위를 견제하고 제한할 수 있다. 이러한 변화를 세계화 과정의 특징이라 할 수 있다(유승남, 1998: 11). 이러한 세계화의 추세에 따라 지구촌이 하나의 생활권으로 다가오면서 무한경쟁시대가 열리게 되었다. 이러한 세계화에 따른 경쟁시대에 국가 즉 중앙정부의 일사불란한 국가운영은 이제 구시대의 유물로 남게 되었다.

세계화로 인해 전통적으로 국가활동의 고유한 영역으로 간주되어 왔던 많은 영역은 국제적 협동을 필요로 할 뿐만 아니라, 타국의 정책에 의해 영향을 받지 않을 수 없다. 따라서 EU, NAFTA, APEC 등과 같이 타국과의 정치적 통합수준은 증대하기 마련이고 상호의존의 질서에서 파생할 수 있는 불안의 효과를 통제하기 위해서 쌍무협상, 다자간 협상 그리고 세계적 · 국지적 · 지역적 조직 또는 제도적 장치도 증가하기 마련이다(D. Held, 1991). 우리나라에서도 지방자치시대가 열리면서 동시에 세계화 · 지방화의 추세에 맞는 지방행정단위 규모의 재고에 많은 관심이 나타나고 있는 것은 주지의 사실이다. 오늘날 국가는 과거의 하향식 국가통치방식으로는 더 이상 무한경쟁시대에 경쟁력을 담보할 수 없기 때문이다. 따라서 지방정부가 규모의 경제를 영위하면서 세계화시대의 경쟁의 주체로서의 그 역할이 날로 증대되고 있다고 해도 과언은 아니다.

우리나라의 자치구역 또는 행정구역은 조선조 말과 일제 초기에 그 골격이 갖추어졌으며[2], 일제의 식민기에는 통치의 용이성으로 말미암아 획정된 골격이 그대로 유지돼 오면서 부분적인 경계조정만 이루어졌을 뿐 오늘날까지도 존속되어 왔다[3]. 이러한 행정구역 획정은 처음에는 일제의 통치를 위한

---

2) 전국을 13도로 개편한 것은 갑오경장 이후인 1896년(고종 33년)이고, 부 · 군 · 면을 폐합하여 현재와 같은 군제의 골격을 갖춘 것은 1914년 3월이다. 조창현 외, 「한국 지방자치의 쟁점과 과제」(서울 : 문원, 1995). 서태윤, 「한국정부조직론」, 서울 : 박영사, 1985 참조.

수단으로 이용되어 왔으나, 대한민국정부 수립이후에도 50년 이상 국내 통치
자들에 의해 통치목적으로 이용되어 왔던 것이다[4]. 이와 같이 우리나라 행정
구역의 형태는 시대적 변화를 반영하지 못하고 다음과 같은 문제점만 축적되
어 왔을 뿐이다.

첫째 생활권과 행정권의 괴리현상으로 종합적인 행정이 이루어지지 않았
으며, 둘째 과거의 농경사회에서는 볼 수 없었던 그 영향이 단일 자치단체
의 구역을 넘어 미치는 광역적 사무에 대한 문제들이 많이 발생하였고, 셋
째 그 동안 고도의 경제성장과 도시화·산업화로 인한 구역개발은 많이 이
루어졌으나 오히려 행정구역개편은 도시중심의 성장거점전략에 토대를 둔
중심도시와 배후농촌을 분리시키는 도·농 분리형 행정구역개편이 이루어
져 심각한 재정적 불균형을 초래하고 있는 것이다.

행정구역과 생활권의 불일치 등의 상태가 존속되는 가운데 급속히 진행
되어온 사회·경제적 변화는 제대로 반영되지 않았으며 주민생활의 불편도
전혀 고려되지 않은 채 1992년 지방자치시대를 맞이하여 지방의회의 구성
등 전국적으로 지방행정구역의 적정성에 대한 많은 논의들이 대두되기 시
작하였다. 이러한 논의가 점차 도·농 통합형태의 자치구역 개편으로 발전
하게 되었다. 논의의 결과로 도시와 농촌을 통합하는 자치구역개편에 관한
3가지 시·군 통합 대안[5]을 검토한 결과 인구 10만 명 미만의 시와 인근

---

3) 물론 도시성이 높아진 지역을 시로 개편한다거나, 대규모 시를 광역시로 승격시
  켜 도로부터 떼어낸다거나 하는 일이 없었던 것은 아니다. 그러나 일부 도시지
  역이 광역시와 일반시로 개편된 것을 제외하고는 그 골격이 그대로 유지되고
  있다. 김병준, 「한국지방자치론」, 서울 : 법문사, 1998 참조.
4) 해방 이후의 행정구역개편은 부분적인 차원에서 이루어졌는데, 예를 들어 인구
  백만명 이상의 시를 직할시로, 인구 5만명 이상의 읍을 시로, 인구 2만명 이상
  의 면을 읍으로 승격시킨 것과 자치구 및 인구 50만명 이상의 시에 구를 설치
  하거나 일부 경계를 조정하는 것이 주로 이루어졌다. 김병국, "행정구역개편에
  따른 갈등양상과 해결방안." 현대사회연구소, 「지방자치」, 1994 참조.
5) 도·농 통합에 대한 3가지 대안으로 첫째 인구 10만 명 미만의 시와 인근 군을
  통합하는 안, 둘째 인구 15만 명 미만의 시 중 생활권을 감안하여 시·군을 통

군을 통합하는 안이 핵심으로 떠오르게 되었다. 이 안에 따라 최종적으로 시·군 통합 권유대상지역을 48개 시, 42개 군으로 조정하였으며 남양주군, 평택군, 명주군, 삼척군, 청원군 등 1개 군이 2개시에 인접해있는 경우에는 생활권별로 군지역을 분할해 인근시와 통합하는 방안이 병행 검토되게 되었다(김병국, 1994). 이러한 시·군 통합논의를 바탕으로 1994년 초 정치권에서 적극적으로 이 문제를 제기하기에 이르렀다[6]. 이는 시간적으로 1995년 단체장선거와 맞물려 단체장 선거 이후에는 구역개편이 더욱 어려워진다는 문제인식과 국가경쟁력 강화차원에서 여·야 협의를 거쳐 지방자치법을 개정하여 법적 근거를 마련하였다[7]. 즉, 1994년 '도농복합형태의시설치에관한법률(1994. 12. 22 법률 제4796호)'을 바탕으로 도·농 통합의 추진속도가 진전되어, 1995년 1월 1일 남양주시 등 35개시, 같은 해 5월 10일 경기도 평택시 등 5개시, 1996년 3월 1일 경기도 이천시 등 5개시가 시·군 통합을 이루게 된 것이다.

본 연구에서는 그 동안 정부의 주도하에 행정편의주의에 의해 통합을 이룬 다른 통합시와는 달리 세계화·개방화의 추세에 대응하는 효율성 확보와 년간 약 300억 원 규모의 예산절약효과를 내걸고 약 4년간의 긴 논의와 충분한 주민들의 의견수렴과정을 거친 끝에 1998년 4월 1일 최초로 주민 자발적인 합의에 의해 3여(여수시, 여천시, 여천군)가 도·농 통합을 이룬 여수시의 자치구역개편이 지방정부나 지역주민들에게 미치는 영향을 분석

합하는 안, 셋째 인구 50만 명 시 중 범 생활권을 감안하여 시·군을 통합하는 안 등이 제시되었다.

6) 도농통합형의 행정구역개편에 관한 논의는 처음부터 제기된 것이 아니었다. 처음에 논의된 것은 서울특별시의 분할론, 지방자치시대에 어울리지 않는 직할시 폐지론, 성남·전주·울산과 같은 대도시의 직할시 승격론, 도의 규모축소론, 읍·면·동의 폐지론 등이었다. 그러나 나중에는 시와 인근 군지역을 통합하는 도농통합론에 관심이 집중되었다.

7) 주민투표법을 별도로 제정하여 시군통합을 효과적으로 실행할 수 있는 조항도 마련했다. 지방자치법 제7조 제2항, 동법 제13조의 2 제1항과 제2항 참조.

하고 통합효과에 대한 사후적 검증을 시도해 보고자 하였다.

도·농 통합은 지역주민의 생활과 지역발전에 미치는 영향이 큰 만큼 자발적 통합에 이른 여수시의 통합데 대한 효과는 매우 크게 나타나야 할 것이다. 따라서, 여수시의 통합목표가 어느 정도 효과적으로 실행되고 있으며 도·농 통합이 지방정부와 지역주민에 미치는 영향을 실증적으로 분석·평가하여 여수시의 통합효과를 살려 발전방향을 제시함은 물론 장래의 도·농 통합의 결정과 운영에 대한 구체적 정책대안을 제시하는데 그 목적이 있다.

第2節 研究의 範圍

지방자치제도의 본격적인 시행과 함께 지방자치단체의 자율적 운영과 활동에 의해 자원의 효율성을 제고하고, 새로운 차원의 행정 서비스 및 지역연대 등 수요가 발현되는 추세에 대한 반영과 지방자치단체들의 환경적 변화에 대응한 지방행정서비스의 효율화를 통하여 지역주민의 '삶의 질(Quality of life)'을 향상시키는데 목적을 두고, 전국적으로 자치구역 통합이 이루어졌다. 그러나 이러한 도·농 통합은 정부의 정치적 의도와 일정에 맞추어 충분한 사전검토가 이루어지지 않은 가운데 이루어졌기 때문에 비록 세계화·지방화시대에 맞는 지방자치의욕은 대단히 높다하더라도 통합에 따르는 부작용도 그 심각성이 상당수준 높게 나타나고 있는 경우도 연구결과에서 밝혀지고 있다. 예를 들어 구미시, 사천시, 평택시, 광양시 등은 이미 통합은 이루었으나 통합지역의 지역적 갈등이 표출되고 지역간 마찰이 심각하여 다시 지역분리를 주장하는 곳도 나타나고 있다. 구미시는 통합 후

구미와 선산의 지역 불균형 발전이 심화되고 있다는 이유로 선산이 반발하고 있고, 사천시와 평택시는 신청사 이전과 위치선정 문제로 지역간 이기주의가 팽배하고 있어 행정불편을 초래하고 있으며, 사천시의 경우 통합분리 서명운동을 추진하려는 움직임도 나타나고 있는 실정이다. 또한 광양시에서는 재정자립도가 낮은 군지역을 흡수 통합함에 따라 재정자립도가 낮아졌다고 재 분리하자는 의견이 상존하고 있다(이수만, 1995: 23). 통합론자들은 도·농 통합을 통하여 행정비용의 절감, 광역행정의 효율적 수행, 주민생활의 편의증진, 규모의 경제 실현, 도시와 농촌의 균형개발을 달성할 수 있다고 주장하는 반면 도·농 통합의 기대효과에 대해서는 의견이 다소 엇갈린다.

　이러한 충분한 검토를 거치지 않고 정부의 일정에 의해 이루어진 기존통합시의 부작용을 해소하고 지역주민의 발의에 의한 수요와 지방자치단체 등의 효율성 제고를 위한 논의와 정치적, 경제·사회적 수요에 의한 통합 논의 등이 앞으로 매우 다양하고 심도있게 나타날 것으로 전망된다. 따라서 도·농간의 정치·사회·경제적 제기능을 균형적으로 결합시켜 지역사회적 질서형성과 지역발전을 도모하려는 의도로 주민 자발적 통합을 이끌어 낸 여수시를 연구대상으로 설정하게 되었다.

　본 연구에서는 먼저 자치구역 개편에 관한 이론과 최근 활발하게 진행되고 있는 자치구역 개편 방식의 하나인 도·농 통합의 이론적 배경을 조명하고 도·농 통합의 목적과 통합에 따른 부정적 효과를 비교, 고찰하였다.

　둘째 3여 통합의 목표와 통합과정에 대한 각종 객관적인 자료를 활용하여 통합전후의 효과성에 대한 분석을 시도하였다.

　셋째 통합여수시의 통합효과를 주민통합, 행정서비스, 재정 그리고 지역개발측면에서의 평가기준에 따라 통합이 지방정부 및 지역주민에게 미치는 영향을 분석·평가하였다. 이러한 연구를 위하여 우선 통합과정에서의 수립된 통합목표를 각종 통계자료를 이용하였으며, 이에 대한 충분한 분석을 위하여 보완의 필요성을 절감하여 통합여수시의 지역주민과 공무원을 상대로 설문조사를 실시하여 통합목표의 분석변수 및 측정지표를 통해 지방자치단체와 지역주민들에게 미치는 영향을 분석·평가하고자 하였다.

마지막으로 도·농 통합의 효과에 대한 분석결과를 토대로 한 정책적 시사점을 도출하여 향후 도·농 통합을 이루려는 여타 지역에 대한 정책과정 설정과 여수시를 포함한 통합시 운영에 관한 정책적 대안을 제시하였다.

第3節 硏究의 方法 및 限界

본 연구의 연구방법으로는 행정자치부(내무부) 및 3여 통합과 관련된 지방자치단체의 관계자료와 문헌, 연구보고서, 간행물 등의 각종 통계자료에 의해 측정 가능한 지표들을 통하여 통합후의 변화내용을 파악하고 통합여수시의 주민에 대한 설문조사 및 지역 공무원에 대한 설문조사와 면접조사가 사용되었다. 행정자치부와 지방자치단체의 통계자료를 통해 입수 가능한 지표들은 전수조사를 원칙으로 하였으며, 통계자료에 의해 측정이 불가능한 지표들에 대해서는 설문조사와 면접조사를 병행 실시하였다. 설문조사와 면접조사 대상자는 여수시, 여천시, 여천군 주민 약 33만 명과 통합여수시 2,044명의 공무원집단을 모집단으로 선정하였으나 시간과 예산의 제약으로 표본조사를 실시하였는데 편의상 3여 지역 주민에 대해서는 지역별 인구비례, 소득수준, 남녀비례, 연령별로, 그리고 공무원에 대해서는 도시지역 공무원은 시본청 및 동사무소, 농촌지역 공무원은 읍·면사무소 공무원을 표본으로 지역적 비율을 고려하여 임의추출 하였다.

본 연구는 SPSSWIN을 이용하여 빈도분석(frequency analysis)과 교차분석(crosstab analysis)의 방법을 활용하여 분석하였으며 주민과 공무원 집단간의 차이를 규명하기 위해서 X^2(Chi-square)와 F-test 및 t-test 분석방법을 실시하였다.

본 연구의 한계점으로는 통합여수시가 통합당시 구체적인 통합목표를 계량화하여 설정하지 않았기 때문에 통합 후에 나타나는 통합영향에 대한 분석을 할 수밖에 없었다. 그리고 통합여수시의 출범이 1998년 4월 1일이므로 인사, 조직, 재정 등 지방정부의 각종 통계와 지역공무원과 주민의 설문조사를 통해 도·농 통합이 그 지역사회에 미치는 직·간접적 영향을 분석·평가하기가 쉽지는 않았다는 것이다.

본 논문에 있어서의 연구과정(Flow-Chart)은 〈그림 1-1〉과 같다.

〈그림 1-1〉 研 究 課 程

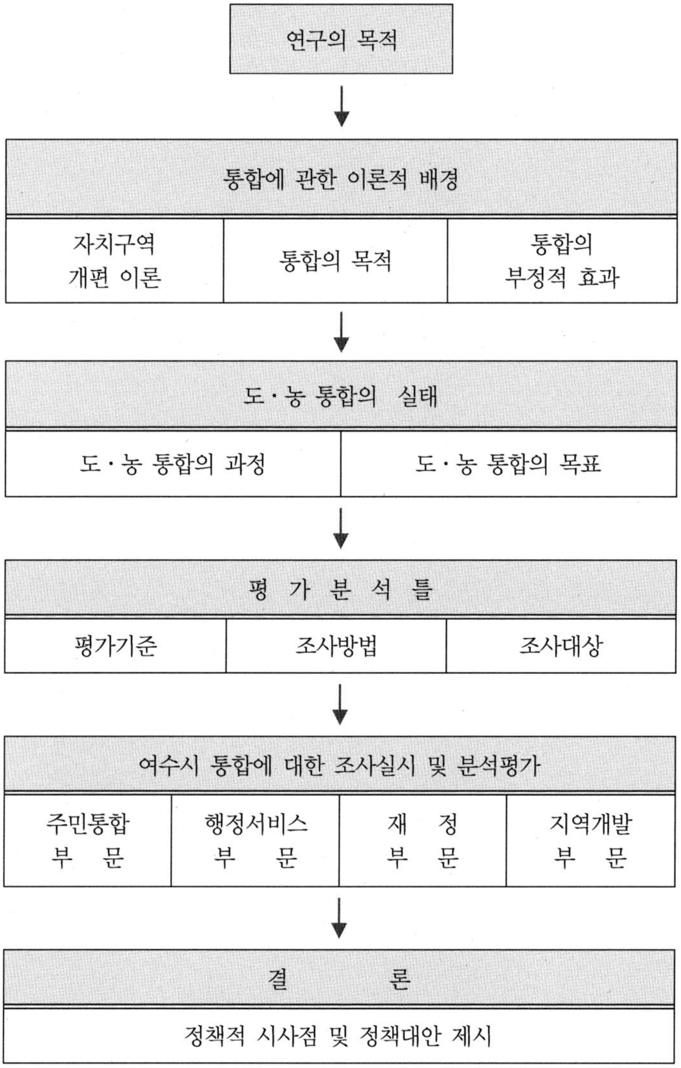

연구의 목적

↓

통합에 관한 이론적 배경		
자치구역 개편 이론	통합의 목적	통합의 부정적 효과

↓

도·농 통합의 실태	
도·농 통합의 과정	도·농 통합의 목표

↓

평 가 분 석 틀		
평가기준	조사방법	조사대상

↓

여수시 통합에 대한 조사실시 및 분석평가			
주민통합 부 문	행정서비스 부 문	재 정 부 문	지역개발 부 문

↓

결 론
정책적 시사점 및 정책대안 제시

第2章 市郡統合에 관한 理論的 背景

第1節 自治區域 改編理論

1. 自治區域의 槪念과 性格

구역(area, district)이란 일정한 지역(territory)을 의미하는 것으로서 토질과 기후 및 토지의 외형적 특질과 같은 자연적·지리적 조건에 기초하여 사람들이 사회적·경제적 활동을 수행함에 있어서 기반이 되는 경계를 갖춘 의미있는 터전을 말한다(Robert B. Highsaw and John A. Dyer, 1965: 12). 이러한 개념은 구역에 관한 매우 포괄적인 개념형태로서 이를 다시 지리적인 개념과 법적인 개념으로 구분하여 정의할 수 있다. 지리적 개념으로서의 구역은 '일정한 목적을 달성하기 위해서 일정한 기준에 따라 국토공간을 구분하여 놓는 지역적 범위'라고 정의한다(최창호, 1981: 13). 또한 법적으로는 구역을 '일정한 공공기관 또는 단체의 관할권을 행사가 미치는 지역적 범위'라고 말한다(김안제, 1979: 559).

구역은 그 기준 여하에 따라 몇 가지 유형으로 나눌 수 있는데 첫째, 구역은 그 법적 성격에 따라 자치구역(autonomous area or district)과 행정구역(administrative area or district)으로 나눌 수 있다. 자치구역은 '지방자치단체가 그 권한을 행사 할 수 있는 지역적 범위'(김동희, 1995: 49), 또는 '지방자치단체의 통치권 또는 자치권이 미치는 지역적 범위'를 의미한다(정세욱, 1995: 743). 이것은 대체로 공동 사회적 단위를 기초로 한다. 그러나 행정구역은 '국가 또는 지방자치단체가 행정상의 편의를 위하여 그 내부에 설정하여 놓은 지역적 단위'를 말한다(김학로, 1997: 174). 이것은 자치구역에 비하여 계획적이고 인위적인 성질이 강하다고 할 수 있다.

둘째, 그 수행되는 기능에 따라 일반목적구역(all purpose area or district)과 특별목적구역(special area or district)으로 나눈다. 일반목적구역이라 하면 일정한 지역 내에서의 일반적 사무를 종합적으로 처리하기 위하여 설치된 구역을 말하고, 특별목적구역은 특수한 행정사무를 일정한 지역 내에서 보다 전문적으로 처리하기 위하여 설치된 구역을 말한다(김학로, 1997: 174).

이러한 두 가지 구분기준을 종합하면 구역은 현실적으로 일반목적 자치구역과 일반목적 행정구역 및 특별목적 자치구역과 특별목적 행정구역 등 네 가지 형태의 구역으로 대별할 수 있다. 네 가지 구역의 존재형태 중에서 자주 논의의 대상이 되고 또한 산업화와 도시화 및 지역개발의 진전에 따라 구역개편의 관심대상이 되는 있는 것은 일반목적 자치구역과 일반목적 행정구역이다. 일반목적 자치구역은 현재 획정되어 있는 우리나라 지방자치단체의 구역을 의미하는데, 이곳은 지방자치단체의 자치권이 일반적으로 미치는 지역적 범위를 의미한다. 따라서 지방자치단체의 구역은 단순한 행정구역과는 달리 단체구성의 기초가 되는 지역으로서 적극적으로는 그 구역 내에 주소를 가진 자를 당연히 단체의 구성원으로 하고, 거소 · 영업소의 설치로 인하여 그 구역과 일정한 지역적 관계를 가진 주민을 그 단체의 권능을 지역적으로 한정시키는 장소적 관계를 규정하는 효과를 가져온다(김용래, 김보현, 1969: 304). 그리고 지방자치단체는 국가의 영토를 구획하여 각각 일정한 지역을 그 구역으로 하며, 육지의 구역뿐만 아니라 호수 · 하천 · 영공 · 영해에 속하는 지역까지 육지의 연장으로 자치권의 객체가 된다고 본다. 한편 여러 가지 요소에 의하여 일단 설정된 구역은 오랜 시일의 경과와 더불어 주민생활과 밀접한 관계를 가지게 되고, 주민의 애착의 대상이 되면서 고착화되어 나간다. 심지어 구역의 현존경계가 불합리하여 주민에게 불편을 주는 경우라 하더라도 오랜 시일이 지나면서 주민들은 나름대로 적응하고 생활함으로써 고정화되어 간다. 따라서 자치구역은 정치·행정적으로 뿐만 아니라 정신·문화·사회·경제적으로도 중요한 의의를 지니게 된다(김학로, 1997: 175). 일반목적 행정구역은 국가가 그 자신의 행정적 편의를 위하여 설정한 국가지방행정기관의 관할구역이라고 볼 수 있는데, 이는 자치구역과는 관념상 구별되는 것으로 나라에 따라서는 구별하는 경우가 많다. 그러나 우리나라의 지방 제도에 있어서는 일제시대 이래 자치단체의 구역과 국가의 지방행정구역을 일치시켜 왔으므로 양자의 구별이 명백하게 이루어지지 않으며 단순한 관념상의 구별에 지나지 않는다.

우리나라의 경우 도·시·군·구 등 지방자치단체는 동시에 국가의 지방 행정기관으로서의 지위도 겸하고 있기 때문에 그 자치구역은 행정구역으로서의 의미도 갖고 있다. 그러나 읍·면·동은 지방자치단체인 시와 군이 그 행정상 편의를 위하여 인위적으로 획정한 행정단위이기 때문에 그 구역은 대부분 행정구역으로서의 의미만 가지고 있다. 그러나 지방자치제의 실시 이후에는 단순한 행정구역으로서 보다 자치구역의 개념에 입각하여 자치구역 개편에 대한 논의가 이루어져 오고 있다. 여기에서는 구역의 성격을 자치구역으로 정의하고자 한다.

이러한 자치구역은 지방자치단체의 기능 및 계층구조와 밀접한 관계를 가지고 있다.

첫째, 구역은 기능의 문제와 밀접히 결합되어 있어서 이 두 가지는 결코 분리하여 생각할 수 없다. 즉, 지방자치단체가 수행하는 일정한 기능의 성격과 내용에 따라 그것이 수행하는 지역적 범위가 달라져야 하는 것이며, 그 기능의 변동에 따라 지역적 범위는 항상 신속히 적응해 나가는 것이다8). 특히 오늘날 산업화와 도시화의 진전이라는 환경의 변화는 지방자치단체로 하여금 종래와는 다른 행정기능을 수행케 하고 있다. 그런데 이와 같은 새로운 행정기능의 수행은 종래의 지방행정체제구조에 대한 개혁을 요구하고, 이는 또한 구역의 합리화를 강요한다. 따라서 지방자치단체의 기능 재 배분은 구역의 변경없이 실현될 수 없는 반면, 구역의 변경은 기능의 재 배분을 전제로 한다. 여기서 기능과 구역의 조정(adjustment of function and area)이라는 명제가 현대 지방자치의 중요한 과제로 등장하고 있다. 그러나 현대 지방자치에서 기능과 구역의 조정은 시간적 고려에서 오는 새로운 과제에 직면하고 있다. 즉, 능동적 요인이라고 할 수 있는 행정기능은 끊임없이 변모하는 동태성을 띠고 있는 데 대해, 피동적 요인이라고 할 수 있는 구역은 그 성질상 정태성을 띠고 있기 때문에 항상 그 조정에는 시간적 '갭(gap)'이 불가피하다는 점이다. 특히 현대 지방행정의 특징은 광역화·대규모화·기술화 및 균등화에 있고 이러한 기능의 변화에 탄력적으로 적응하기 위하여 전통적 지방자치단체의 구역조정은 그 역사적 고정성으로 인하여 항상 제약을 받을 수밖에 없다9).

둘째, 구역의 문제는 지방자치단체의 계층구조(tier system)와 밀접한 관계를 가지고 있다. 구역은 기능의 배분을 매개로 하여 계층적 체계를 떠나서 생각할 수 없고, 계층은 구역문제를 떠나서 생각할 수 없기 때문에 결국 양자는 하나의 문제라고 할 수 있다. 구역의 문제는 지방자치단체의 수평적인 관할의 넓이를 의미하고, 계층의 문제는 지방자치단체의 수직적인 마디의 수를 의미한다. 즉, 구역은 지방자치단체의 수평적인 폭이고 계층은 수직적인 깊이를 의미하기 때문에 구역의 넓고 좁음과 계층수의 다소는 서로 함수관계를 가지고 결정된다고 볼 수 있다. 특히 기능의 배분은 광역적인

---

8) Department of Economic and Social Affairs of U. N., *Decentralization for National and Local Development*(New York : U. N., 1962), p. 21.
9) 한국지방자치학회, 「한국지방자치론」, 서울: 삼영사, 1995, p.170.

자치단체와 소규모 구역을 관할하는 자치단체간의 역할구조의 정립을 의미하기 때문에 거기에는 지방자치단체간 계층적 체계가 전제되어 있지 않으면 안 되는 것이다. 여기서 구역이 너무 넓게 설정되면 주민의 편의와 참여의 어려움이 생기고, 반대로 협소하게 설정되면 행정비용의 과다지출과 구역간 기능조정에서 어려움이 생길 수 있다.

그런데 오늘날에 있어서 지방자치단체의 계층의 수는 줄어들고 구역은 넓어지는 일반적인 경향을 보이고 있다. 이와 같은 경향은 특히 교통·통신의 발달에 따라 지방자치단체의 수직적인 마디의 수를 줄임으로써 신속한 행정수행이 가능하게된 반면, 산업화에 따른 도시화의 진전에 의하여 수평적인 관할의 폭을 넓힘으로써 지역간 연계성이 증대되고 있다는 것을 의미한다. 그러나 한편 지방행정의 능률성향상을 위한 구역의 광역화는 전통적인 공동 사회적 기반을 상실케 하여 행정과 주민의 거리를 멀게 하므로써 주민참여의 용이성을 저해할 우려가 있다. 따라서 전통적인 구역과 계층을 조정하는 문제는 지방행정의 민주화와 능률화를 조화하는 방향에서 해결되어야 할 것이다.

2. 自治區域 改編의 類型

일정한 시간적·공간적 제약조건을 지니고 있는 자치구역은 시간의 흐름에 따라 여러 가지 사회적 조건이 달라지게 된다. 따라서 사회적 변화에 따라 구역개편의 필요성도 제기되고 있다[10]. 이러한 구역개편에 대한 수요는

---

10) 구역개편을 바라보는 시각들이 원래 지방정부의 조직개편에 관한 접근시각이나 구역개편이 지방정부 조직개편의 중요한 부문을 다루고 있기 때문에 이는 구분이 사실상의 실익이 없다고 할 수 있다. 지방정부의 구역개편은 첫째, 복지국가로 발전함에 따라 복지국가의 기능적 수요를 해결하기 위하여 즉, 복지국가의 발전 국면에 따라 지방정부는 새로운 복지수요의 대응을 위해서는 구역개편이 필연적이라고 보며 둘째, 지방정부 구역개편의 원천이 복지국가의 기능적

첫째, 산업화·도시화에 따른 사회경제적 여건 변화를 들 수 있으며 둘째, 공동사회의 유지와 공동생활권의 확대라는 상반되는 요구에 대한 조화의 필요성을 들 수 있다. 셋째, 과거의 구역설정기준과 현대의 그것이 다르기 때문에 현대의 설정기준에 부합하기 위한 노력이 필요하며 넷째, 지방자치 단체의 구역간에 격차가 심할 경우에 이를 완화해야 할 필요성이 있다. 다 섯째, 지방행정의 계층구조가 다층제로 되어 있으면 주민참여 내지 주민통 제가 제약되고 행정의 지체와 비능률을 초래하는 문제점이 발생하므로 계 층의 수를 줄이기 위한 필요성 등의 계기에 의하여 발생된다(정세욱, 1995: 755-757).

구역개편의 유형은 다음의 세 가지로 나누어 볼 수 있다.

첫째로, 폐치분합은 지방자치단체의 신설 또는 폐지를 수반하는 구역변경 을 의미한다. 여기에는 분립 즉 한 지방자치단체의 구역의 일부를 분리시켜

필요에 의한 것이 아니라 도시화와 지방정부의 기능적 혁신에 있다고 보아 지 방정부의 조직개편이 국가의 성장과 정책변화의 결과로서보다도 도시화 및 지 방정부의 기능이 증대함으로써 이루어진다고 보는 시각이다. 셋째, 정치론적 시 각으로 그 속에 국가론적 시각이 중심적으로 자리잡고 있다. 이 시각은 지방정 부의 조직개편이 정치적 이유에서 이루어진다고 본다. 구조주의 정치이론가들 은 구역개편의 이면에 주된 원인만 있는 것이 아니라하나 혹은 그 이상의 정치 적 이익이 개혁의 가장 중요한 요인들 중의 하나라는 사실을 강조한다. 이러한 시각에 입각할 때 대규모의 대도시권 지방정부창설의 구역개편은 독점자본의 필요에 대한 국가의 대응으로 해석할 수 있다. 이상의 세 가지의 접근 시각은 지방정부의 구역개편을 설명하는 데 각기 나름대로의 한계를 지니고 있다. 즉 어느 하나의 시각에 바탕을 두고 접근하는 것은 구역개편에 대한 총체적인 이 해를 흐리게 할 가능성이 있다. 구역개편의 권력적·비권력적 측면을 종합적으 로 인식하지 못하고 어느 한 단면만을 구역개편의 결정적 시각으로 받아들이게 된다. 그러므로 다양한 접근시각을 상호 수용하여 객관적인 검증을 하여야 할 필요성이 있다. 이를 위해서는 거시적·권력적 측면과 미시적·비권력적 측면 으로 구분하여 거시적이며 권력적인 부분은 복지국가적 시각과 정치론적 시각 을 부분적으로 수용하여 이해하여야 한다. 또한 미시적이며 비권력적인 부분에 서는 도시기능적 시각을 통하여 구역개편의 전체적인 측면을 동시에 검토할 수 있어야 한다.

거기에 새로운 지방자치단체를 설립하는 경우와 2개 이상의 지방자치단체를 합병하여 그 구역을 새로운 지방자치단체를 설립하는 합체, 한 지방자치단체를 폐지하고 그 구역을 나누어 몇 개의 지방자치단체를 설립하는 분할, 한 지방자치단체를 폐지하고 그 구역을 다른 지방자치단체의 구역에 편입시키는 편입 또는 흡수합병 등의 네 가지 유형이 있다. 폐치분합은 지방자치단체 자체의 신설 또는 폐지를 결과하므로 단순한 구역변경이 아니라 인격의 변경을 그 특질로 한다(김도창, 1981: 119).

둘째로, 경계변경이란 지방자치단체의 존폐와는 상관없이 다만 경계의 변경만을 결과하는 구역개편을 의미한다. 즉, 어느 자치단체의 구역의 일부를 다른 자치단체의 구역에 이전시키는 행위이다. 일반적으로 구역변경이라고 할 때에는 경계변경을 가리킨다.

셋째로, 구역의 적정화란 지방자치단체 기능의 충실화와 강화를 도모하고 주민의 편의와 주민참여 및 통제를 촉진시키기 위하여 필요한 때에 수시로 자치단체의 구역을 조정하는 것을 의미한다[11].

3. 市郡統合의 區域改編

도시와 농촌간의 협력체제를 갖추기 위한 광역행정의 수행방식으로는 첫째, 통합, 합병, 편입 등의 기존 행정단위의 변경형태와 둘째, 광역행정협의회[12], 지방자치단체조합, 자치단체연합, 특별구역 등의 기존 행정단위를 변

---

[11] 1945년 영국의 『Local Government Boundary Commissions』, 1946년 스웨덴의 『시·읍·면 구역개편에 관한 법률』, 1957년, 1965년 일본의 『시정촌 합병촉진법』, 『시정촌의 합병의 특례에 관한 법률』에서는 구역의 적정화를 위해 다양한 조치를 취할 수 있도록 규정하고 있으나 우리나라에서는 이러한 규정이 없다.

[12] 광역행정협의회는 지방자치법 제142조에 "지방자치단체는 2개 이상의 지방자치단체에 관련된 사무의 일부를 공동으로 처리하기 위하여 관계 지방자치단체간의 행정협의회를 구성할 수 있다."고 규정하고 있다. 행정자치부(내무부) 한국

경하지 않는 형태로 나눌 수 있다. 도·농 통합은 전자에 속하는 것으로 광역행정의 수행방식 중에서 가장 강력하고 효율적이라고 할 수 있다. 그러나 지금까지 우리나라에서는 광역행정의 수행을 위해서 주로 광역행정협의회를 활용하여 왔다. 그러나 광역행정협의회를 통한 합의점을 찾기에는 많은 어려움이 있으며 합의사항에 대해서도 집행구속력이 미비해 그 실효성이 크게 떨어진다. 또한 지방자치단체조합은 행정협의회와 달리 조례를 제정할 수 있고, 행정처분을 발하거나 행정처분의 대상이 되며 재산도 보유할 수 있는 등 집행력을 가지고 있어서 행정협의회보다는 더 실효성이 있었으나 수도권이외의 지역에서는 전혀 실시가 이루어지지 않고 있다(유재원, 1996: 22). 따라서 두 개 이상의 자치단체에 의해 수행되는 모든 사무가 새로 창출되는 하나의 자치단체에 흡수되는 동시에 기존의 자치단체는 폐지되는 폐치분합 구역개편 방식인 도·농 통합이 광역행정을 수행하는 가장 획기적인 방식이라고 할 수 있다.

지방정부의 관리체제 개편은 지역주민들에게 필요한 재화나 용역을 효과적으로 제공하는 능력을 향상시키는데 초점이 맞추어진다. 지방정부는 주민들에게 직접적으로 공공서비스를 제공하는 기관이며, 지방정부의 관리체제는 주민들의 생활의 질을 향상시킬 수 있도록 서비스를 지속적으로 제공할 수 있는 능력에 따라 평가되는 것이다. (Perry and Keller, 1991: 22). 지방정부가 공공서비스를 제공하는 기능은 대체로 주민들의 생활에 필요한 공공의 재화와 용역의 양과 질을 결정하고, 공공서비스의 제공을 위한 재원의 조달을 결정하며, 필요한 규제와 지원을 하는 활동을 포함한다(Advisory Commission Intergovernmental Relations: ACIR, 1987: 10).

시·군 통합은 지방행정구역 개편을 통한 단순한 행정비용의 절감이라는

도시연감에 의하면, 1996년 우리나라의 행정협의회는 광역도시권 5개, 기초도시권 49개 등 모두 54개가 존재한다.

문제 뿐 아니라, 변화된 환경 속에서 지방정부가 효과적으로 그 역할과 기능을 수행함으로써 바람직한 지방자치제의 정착에 기여할 수 있는 여러 가지 중요한 과제와 긴밀히 연결되어 있는 것이다. 지방정부관리체제의 개편은 지방정부가 이러한 기능을 수행함에 있어 능률성과 형평성을 제고시켜 지역주민의 생활의 질을 높일 수 있는 구조적 체제를 갖추게 하는데 목적이 있는 것이다.

파크스와 오커슨(Parks & Oakerson, 1989: 18)은 지방정부체제에 관한 논의에 있어 가장 중요한 물음은 어떠한 관리체제가 주민들의 필요에 보다 적절히 대응하며, 변화하는 상황과 주민 선호에 맞추어 효율적이고 형평성 있는 공공서비스를 지속적으로 제공할 수 있느냐 하는 것이라고 말하고 있다. 이러한 지방정부관리체제에 관한 논의의 초점은 오래 전부터 지방정부관리체제가 갖는 기본적인 속성 즉, 결절성(fragmentation)에 맞추어져왔다. 지방정부서비스에 관한 요구나 선호는 본질적으로 다양하며, 그 효과의 크기와 공급기술 자체도 다양할 수밖에 없다는 것은 각종 연구를 통해 합의되어 있다 (Hirsch, 1984: Barlow, 1982). 다양한 지방정부 서비스에 대한 요구는 어쩔 수 없이 지방정부의 관리체제가 세분화하여 발전해 오도록 하였는데, 세분된 지방정부체제에 대한 낭비와 비효율성 문제는 오랫동안 지적되어 오고 있다. 하나의(single), 통합된(consolidated) 지방정부체제에 대한 요구는 지방정부통합논의를 가속화하였다.

도·농 통합은 도시지역과 농촌지역의 지방자치단체를 합병하여 새로운 지방자치단체를 설립하는 폐치분합방식의 구역개편에 속한다. 이는 도시·농촌의 두 지역을 행정적으로 접근시킴으로서 양 지역이 갖고 있는 기능을 상호 교환하거나 보완하여 대도시로부터의 소외로 말미암아 발전이 정체되고 퇴락하는 중소도시와 그 배후지역인 농촌지역을 개발하고 발전시키기 위한 지역적 접근방식을 말한다(장태옥, 1994: 9)[13].

　도·농 통합의 이론적 배경은 프리드만과 더글러스(1975)가 주창한 기초수요에 입각한 도농접근법(agropolitan approach)에 기초하는데 이것은 성장거점이론(growth pole theory)을 비롯한 효율적 성장위주의 지역불균형성장 이론이 갖는 한계를 극복하고 도농간의 균형발전을 위해 성립된 이론이라 할 수 있다(임승달, 1995: 33-49).

　이성복(1995)은 성장거점이론을 국가가 한정된 자원을 가지고 동시에 모든 지역을 개발할 수 없으므로 성장잠재력이 있는 성장거점도시를 투자, 육성하면 집약적 경제가 실현되어 전 지역에 대해서 투자하는 것보다 투자의 효율성을 높일 수 있다고 주장한다. 즉 성장거점도시의 성장의 가시적 효과가 곧 주변의 농촌지역에 확산된다는 것으로 장기적으로는 지역간의 균형발전의 효과가 나타난다는 것이다.

　그러나 우리나라에서 1980년대에 시행된 성장거점도시의 육성전략은 지난 20년간의 성장거점개발의 확산효과보다도 오히려 도시지역으로의 효과가 집중되는 역효과가 일어나서 농촌이 도시에 종속되고 도시로부터 분리되는 지역격차가 심화되는 현상을 초래했다(최양부, 윤원근, 1988). 이러한 이유로 지역간의 균형발전을 위해서는 성장거점개발보다는 모든 사람에게 삶의 유지에 필요한 최소한의 재화와 용역을 제공해주는 기초수요접근법이

---

13) 지역개발은 지역의 경제적 효용증가 또는 지역주민의 생활수준 향상을 추구하는 일체의 행위를 말한다. 프리드만(1972)도 지역개발을 지속적인 구조개편을 통하여 지역의 생산성을 높이는 것이며 인적, 물적, 제도적 자원과 능력을 활성화하여 지역사회의 복지수준과 기회범위를 확대시키는 것이라고 하여 지역개발의 경제적 측면과 사회개발적 측면을 동시에 강조하였다. 즉 과거이분법적 접근방법에서는 도시와 농촌을 산업활동 그리고 생산 및 소비양식 등의 기준에 의해 구분하였다. 이러한 도시와 농촌의 이분법적 구분은 오늘날 큰 의미를 상실하게 된다. 왜냐하면 하나의 지역 내에 여러 가지 경제, 사회, 문화적 특성이 혼재되어 있기 때문이다. 따라서 과거의 개발위주의 도시, 농촌의 이분법적 구분은 이제 변화의 시대를 맞이하여 그 접근이 도시와 농촌이 다시 하나로 통합하려는 개발패러다임의 변화로서 도농통합이 시도되고 있다.

적용되기에 이른다. 기초수요를 충족시켜주기 위해서는 최소한의 인구규모
가 필요하기 때문에 도시와 농촌을 통합하는 통합단위의 개발전략이 효과
적이라는 것이다(임승달, 1995: 34-35).

　도·농 통합의 구역개편이론으로는 첫째, 일정한 지리적 권역을 개발단위
로 한 자연적, 인적인 지역자원을 이용하여 주민들에게 기초수요를 충족시
켜주는 기초수요접근법이 있다. 둘째, 상대적으로 소외되고 낙후되었던 농촌
지역을 발전시키기 위한 시도로 도시지역을 포함한 통합지역을 그 개발단
위로 하는 농도지구 개발이론이 있다. 셋째, 주민들의 일상생활영역인 정주
생활권을 중심으로 도시지역과 그 배후의 농촌지역을 통합하여 자치구역을
설정하는 정주생활권이론이 있다. 넷째, 이러한 지역단위가 규모의 경제를
보다 효과적으로 실현하여 공공서비스를 보다 효율적으로 공급할 수 있는
적정도시규모의 이론 등이 제시되고 있다.

가. 基礎需要 接近法

　1976년 ILO의 세계고용회의(World Employment Conference)에서 최초로
제기된 지역개발의 기초수요접근법은 과거 성장지향적인 하향식개발 접근법
에서 소외된 낙후지역과 저소득층 주민들에게 그들에게 생활에 필요한 기초
수요를 충족시켜주기 위한 개발전략으로 시작되었다. 기초수요접근법에서는
모든 사람들이 인간다운 삶을 영위할 수 있도록 최소한의 생활수준을 보장해
주고, 개발과정에 있어서도 지역이 자급자족과 자립성장을 이루어 나갈 수
있는 환경조성이 중요하다(H. Nagamine, 1981: 1-3). 기초수요는 시대와 지
역에 따라 다르게 나타나거나 변천하기 때문에 그 종류와 범위도 매우 다양
하고 확대되고 있다. 그린(R. H. Green, 1981: 3-5)과 나가민(H. Nagamine,
1979: 29)에 의하면 기초수요는 첫째, 의식주 등 개인적 소비재와 관련된 기

초수요 둘째, 아동 및 성인교육, 의료, 정수, 교통, 통신, 하수처리, 지역사회 하부시설 등의 공공서비스와 관련된 기초수요 셋째, 자본 중간재 등의 생산요소와 잉여생산력에 대한 기초수요 넷째, 생산적 고용을 통한 개인, 가족, 사회단체의 소득원의 증대에 관련된 기초수요 다섯째, 개발사업의 계획 및 시설에 있어서 주민참여와 인간의 자유 등을 들고 있다. 기초수요의 설정은 매우 중요한 일이기 때문에 신중하게 행해져야 하고 도·농 통합의 경우에 기초수요의 설정은 그 지역의 지역적 특색과 잠재력을 고려하여 지역간, 계층간 불균형의 해소와 성장과 발전을 위한 것이어야 한다14).

나. 農都地區開發 理論

프리드만과 더글라스(J. Friedmann & M. Douglas: 1975)는 성장거점을 통한 하향적개발 접근방법은 개발효과가 배후지역에 파급되는데 한계가 있다고 주장하면서 기초수요이론을 실천할 수 있는 전략으로서 농도지구개발 (agropolitan district development)이론을 제시하였다15). 농도지구개발 접근

---

14) 기초수요접근법은 인간생활에 필요한 최소한의 '삶의 질(quality of life)'을 추구하고 있지만 이를 달성하기 위한 구체적인 전략은 제시되지 않고 있으며 그 대상도 빈민계층에 한정하고 있다는 모순이 지적되고 있다. 우리의 경우 농촌지역에서의 주민들의 기초수요는 농촌지역에 거주하면서도 불편이 없도록 도로교통의 개선을 통한 도·농간의 접근성의 향상을 이룩하려고 하며, 도로, 상하수도 등 기초시설 등 각종 편의시설의 확충으로 농촌지역을 생활공간으로 가능하게 하여야 하고, 농촌지역의 교육여건을 개선하여 농촌 주민들의 불편이 없어야 한다.

15) 프리드만은 농도지구개발을 정치적, 사회경제적, 공간적 측면으로 나누어 설명하면서 정치적 측면에서는 자율적인 의사결정능력을 가지고 있는 정치적 공동체를 대상으로 하며, 사회경제적 측면에서는 농촌주민들의 생산력과 생활수준의 향상을 위하여 자조적 개발을 수행하면서 농촌주민들의 기초수요의 보장과 기본생활서비스를 확대하여 농촌을 도시화하며, 공간적 측면에서는 공동의 의사결정과 행위가 보장되는 제한적 영역을 전제로 이 영역은 정치·사회·문화적 공간이 중첩되는 곳으로 인접한 촌락들에 의하여 형성된다는 것이다. 따라서 농도지구의 개발을 효과적으로 수행하기 위하여 자주재정수 입권, 지구개발계획수립 및 예산권,

방법은 도시와 농촌이 서로 공생관계를 갖도록 하나의 공간구조로 통합하고 단일의 개발전략에 의하여 개발을 추진하는 것이 보다 효과적이라는 가정에 기초하고 있으며(임승달, 1995: 33-49), 농촌적 배경에 도시적 요소를 도입하여 농촌 정주지를 통합하므로써 정치, 경제, 사회적 공간인 농도지구를 형성하게 된다고 한다. 이를 통하여 농업, 생산, 저장 및 치수, 농촌적 공공사업, 서비스업, 생활권간 또는 지역중심도시간의 유통시설을 증진시켜 농촌지역을 개발한다는 주장이다. 이와 같은 프리드만의 농도지구개발모델은 처음에는 인구밀도와 인구증가율이 높고 사회발전수준이 낮은 도시화의 초기단계에 있는 동남아시아와 아프리카 일부 국가의 농촌지역을 변화시키기 위한 것이었으나(J. Friedmann and C. Weaver, 1979: 193-194), 생활권과 정치적 공동체의 개념을 더욱 일반화시켜 미국이나 서유럽의 도시화된 지역에서도 적용될 수 있게 되었다. 또한 농도지구개발에 있어서 중앙정부와 지방정부의 관계를 설명하면서 농도지구의 인구규모는 최소 500명에서 최대 50,000명을 설정하고 있다[16].

다. 定住生活圈 理論

우리가 살고 있는 지역을 개념화하면 동질지역(homogeneous region)과 결절지역(nodal region)으로 나눌 수 있다(박종화, 윤대식, 이종열, 1995: 4-5)[17]. 경제활동을 영위하는 공간을 결절지역의 관점에서 보면 정주체계란

계획집행에 필요한 하부사업의 승인권 등의 행·재정적 권한을 농도지구에 부여해야 한다고 주장하고 있다(J.Friedmann, 1988: 136-137).

16) 이러한 인구규모는 1997년 말 현재 우리나라의 45개 시·군 통합형 도·농통합시의 평균인구인 22만7천명에 비교하면 훨씬 못 미친다.

17) 同質地域이란 지리적 특성, 경제사회적 특성과 같은 어떤 공통적인 특성에 따라 몇 개의 공간단위를 하나로 묶는 것을 말하고, 結節地域이란 상호의존적인 관계를 가진 몇 개의 공간단위를 하나로 묶는 지역을 말한다. 자치구역에서 도시와 농촌간의 관계를 보면 도시와 농촌을 분리하여 도시는 도시대로 농촌은

사람들과 경제활동이 공간상에 규칙성을 가지고 일정한 목적을 달성하기 위하여 상호작용하고 있는 것이라 할 수 있다(박종화 외, 1995: 82). 하나의 중심결절을 중심으로 형성되는 정주체계 중 인간생활의 기본단위인 정주생활공간을 흔히 정주생활권이라고 한다. 따라서 정주생활권이란 지역주민들이 일상생활을 영위하는데 필요한 기초수요를 충족시킬 수 있는 중심도시와 배후농촌이 통합된 생활권역이며 그 속에서 사람들이 일상생활에 불편없이 안정된 삶을 살아가는데 필요한 기본수요가 충족되는 일일생활권을 의미한다(박병식, 1995: 60). 모든 중심지는 그 곳을 중심지로 일차적으로 형성되는 자체 정주생활권을 가지며 중심지의 중심성의 차이에 따라 형성되는 2차, 3차의 지역생활권이 형성된다.

농촌대로 자치구역이 설정되는 것이 동질지역으로 묶는 것을 의미하고 도시와 농촌을 중심지와 배후지의 관계로 보고 도시지역과 배후지역을 하나의 자치구역으로 하는 것이 결절지역으로 묶는 것을 의미한다.

〈그림 2-1〉 中心都市의 位階와 定住體系

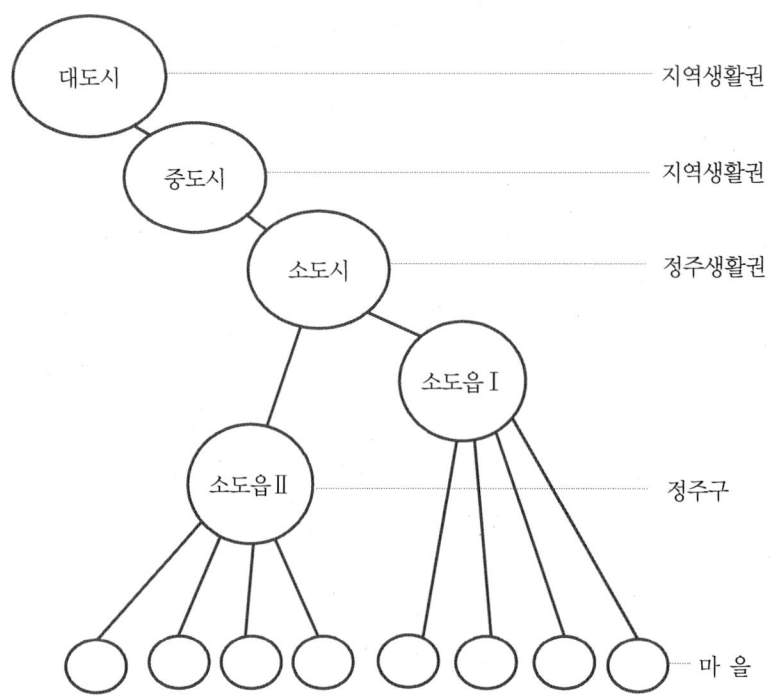

자료: 홍준현, 한국행정연구원, 1997.

　이와 같은 정주생활권이론은 도시와 농촌의 생활수준을 균등하게 하므로
써 농촌인구의 지방정착을 도모하고 있어 지역균형개발을 위한 방안으로
볼 수 있다[18]. 정주생활권을 설정함에 있어서는 중심도시와 배후농촌지역
간의 기능적 연결, 중심도시의 규모와 기능, 배후농촌지역에 대한 영향력이
정확하게 파악되어야 하며, 개발의 파급효과를 극대화시키기 위해서는 개발
잠재력을 제고하고 접근도를 향상시켜야 할 것이다[19].

---

18) 대한국토·도시계획학회, 「지역계획론 : 이론과 실제」, 형설출판사, 1992, p. 112.
19) 정주생활권개발과 관련하여 지역개발정책에서 도농통합적 접근방식이 도입된

우리나라에서는 거점개발방식에 의한 제1차 국토종합개발계획(1972-1981
년)의 추진으로 서울, 부산 등의 대도시에 인구가 집중되었고 지역간 개발
격차가 심화되었다. 이에 따라 제2차 국토종합개발계획(1982-1991)에서는
서울, 부산 양대 도시의 성장을 억제하고 지방중심도시를 핵으로 한 광역적
지역개발을 추진하여 인구의 지방정착이 실현될 수 있도록 생활환경과 생
산환경을 정비하는데 중점을 두었다. 이 계획에서는 지역중심도시와 배후농
촌지역을 연계시킨 일정 권역을 지역단위로 구획하여 도시와 농촌의 유기
적 통합 및 연결발전이 가능하도록 지역생활권 개념을 도입하였다[20]. 전
국토를 대도시생활권(5개), 지방도시생활권(17개), 농촌도시생활권(6개)의
28개 지역생활권으로 구분하였다[21]. 대도시생활권은 고도의 중추관리기능을
5개의 대도시에 적절히 배치하므로써 거의 모든 활동이 권역내에서 이루어
지고 궁극적으로는 지역간 균형발전과 인구의 지방정착을 유도하는 것이다.
중소도시생활권은 생산과 경제기반을 효율적으로 배치하도록 하였다. 그리
고 농촌도시생활권은 의료·교육 등과 같은 생활기본수요를 공급하고자 하

사례로는 일본의 정주권계획을 들 수 있다. 일본은 1977년 제3차 전국통합개발
계획에서 인구와 산업의 대도시집중억제, 지방육성, 인구과밀·과소문제 해소,
국토이용의 균형도모, 인간거주의 종합적 환경조성을 위하여 지방도시와 농산
어촌을 유기적으로 통합하여 지방의 정주권을 확립하고자 하였다. 동정주권계
획에서는 지역내의 인적·물적 지원을 최대한 활용하여 지역상품을 개발하므로
써 지역의 자립도를 높이도록 하는 내발적 지역진흥을 중요한 개발전략으로 채
택하고 있다.

20) 대한민국정부, 「제2차 국토종합개발계획」, 1982, pp. 21-23.
21) 제2차 국토종합개발계획상의 지역생활권 및 성장거점도시는 다음과 같다.

생활권구분	도 시 명	성장거점도시명
대도시생활권	서울, 부산, 대구, 광주, 대전	대구, 광주, 대전
중소도시생활권	강릉, 원주, 춘천, 청주, 충주, 제천, 천안, 전주, 정주, 남원, 목포, 순천, 포항, 안동, 영주, 진주, 제주	춘천, 강릉, 원주, 청주, 천안, 전주, 남원, 목포, 순천, 안동, 나주, 영주
농촌도시생활권	영월, 서산, 홍성, 당진, 점촌, 거창	

였다. 이러한 지역생활권을 균형있게 개발하기 위하여 15개의 도시를 성장
거점도시로 선정하여 성장거점을 통한 지역개발을 추진하도록 하였다. 제2
차 국토종합개발계획 수정계획(1987-1991)은 성장거점도시의 개발전략을 변
형하여 대도시권의 광역적 관리와 지방중소도시의 육성을 기조로 삼고 있
다. 수도권의 인구와 산업의 집중을 억제하고 국토의 균형발전을 도모하기
위하여 수도권에 대응하는 4개의 지역경제권(수도권, 중부권, 동남권, 서남
권)을 형성하므로써 중추기능을 권역별로 분담시켜 자족성을 제고시키고자
하였다. 그리고 지역경제권의 중책도시인 대도시(부산, 대구, 광주, 대전)는
주변지역과 통합하여 대도시권으로 관리하도록 하고 있다. 아울러 지방중소
도시를 계층화된 생활권의 중심도시로 육성하고 주변농촌과 통합개발하며
군 행정구역 규모의 정주생활권의 중심지를 도·농 통합의 거점으로 하는
농촌지역개발을 추진하도록 하였다(김정연, 1995: 68-69)[22].

　정주생활권의 개념을 도·농 통합 행정구역에 적용하여 보면 생활권과 행정
구역을 일치시키는 도·농 통합은 지방자치단체의 행·재정기능을 강화시키
고 지역균형개발을 촉진할 수 있을 것으로 기대된다(최양부 외, 1993: 87-104).
다음 (표2-1)은 도시형 및 농촌형 정주생활권에 합치하는 행정구역방안으로서
도·농 통합은 이러한 연구결과를 상당부분 반영한 것으로 볼 수 있다.

---

22) 국토종합개발계획에서 채택한 지역생활권개념은 내용적으로는 상향식개발 접근
방법에 가깝지만 생활권의 설정 및 자원계획의 수립에 있어서는 중앙정부의 의
사결정이 지배적이었던 것으로 볼 수 있다. 따라서 지역특성을 충분히 반영하
지 못하였고 지역자원을 효율적으로 동원하지 못함으로써 성과는 미흡하였던
것으로 평가되고 있다. 또한 당시 농림수산부는 1984년부터 1994년 까지 주로
농촌형 정주생활권을 대상으로 농어촌지역종합개발계획을 추진하였다. 동 계획
에서는 중심도시와 배후농어촌이 통합된 공간을 하나의 정주생활권으로 설정하
고 개발사업을 수행하고자 하였다. 그렇지만 정책집행의 편의를 위하여 개발권
역이 단일행정구역 위주로 설정되었고, 생활권 행정구역이 일치하지 않는 지역
에서는 행정구역별로 별개의 계획이 수립됨으로써 도·농 통합적 연결개발이
어려웠다. 특히 1980년대 중반 이후 농어촌의 중심지 역할을 수행하고 있는 읍
의 상당수가 시로 승격됨으로써 이러한 문제는 더욱 부각되었다.

〈표 2-1〉 中心都市 人口規模에 따른 定住生活圈과 行政區域

정주생활권	중심도시 인구규모	행정구역	비 고
대도시형	100만 이상	특별시(관역자치단체) 시I(기초자치단체)	서울(1), 부산·대구· 인천·광주·대전(5)
도시형	100-10만	시II(기초자치단체)	(28)
농촌형	10만 이하	시III(기초자치단체)	(110)

자료 : 최양부 외, 지방행정연구, P. 102.

라. 適正都市規模 理論

행정의 본질적 이념으로서 효율성은 행정구역개편에서도 중요한 고려요인이라 할 수 있다. 도·농 통합에 대한 논의과정에서도 통합에 따른 행정구역의 확대 및 인구의 증가가 행정의 효율성 증대에 미치는 긍정적 효과를 주요한 이론적 근거로 제시되었다.

지금까지 도시의 적정규모에 대한 연구(최양부 외, 1993: 87-104)는 주로 경제학과 지리학적 측면에서 이루어져 왔으며 경제학적 측면에서는 주로 정부의 1인당 도시서비스비용이 최소가 되는 인구규모를 적정규모로 보는 최소비용접근법과 도시에서의 생산과 소비의 총수익과 총비용의 차인 순이익의 극대화가 이루어지는 규모를 최적규모로 보는 비용편익접근법의 두 가지 방법으로 연구가 이루어져왔다(황명찬, 1992: 69). 그리고 지리학적 측면에서는 도시의 적정규모를 다른 도시와의 상대적 비교를 통하여 파악하고자 한다.

알론소(W. Alonso, 1975)는 도시를 하나의 총량적인 생산단위로 간주하고 생산측면과 비용측면으로 구분하여 다음 그림과 같이 적정도시규모를

설명하고 있다. 생산측면은 도시의 총생산가치를 의미하며 비용측면은 제반
도시관리비용을 의미한다.

<그림 2-2> 都市規模別 生產 및 消費曲線

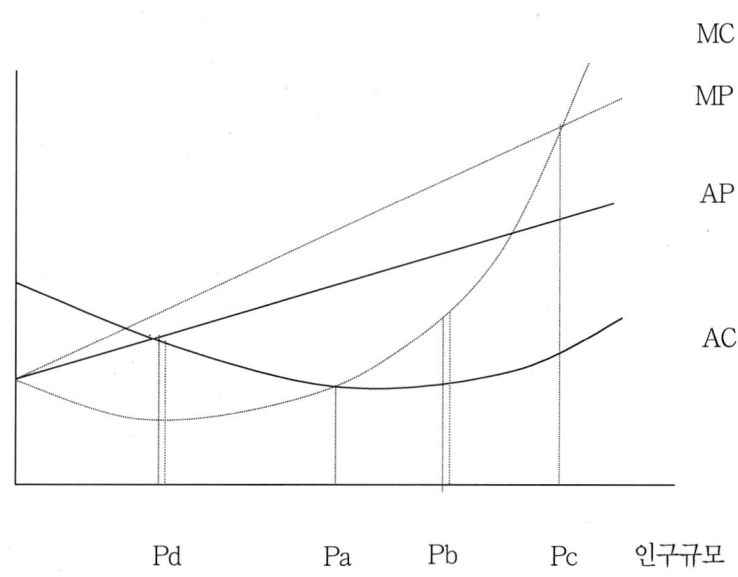

주) AC: 평균비용, MC: 한계비용, AP: 평균생산, MP: 한계생산
　　자료: 이성복, 「도시행정론」, 법문사, 1994, P. 141.

　앞의 (그림 2-2)는 도시규모별 생산 및 비용곡선을 나타내고 있다. 횡측
은 인구규모를 나타내고, 종측은 비용을 표시하고 있다. 이 그래프에서 평
균비용(AC)은 처음에는 하강하다가 일정수준의 인구규모(Pa)를 최저점으
로 해서 상승하고 있고 1인당 평균생산(AP)은 일정한 상승을 보이고 있다.
도시에서의 경제적 이익과 불이익의 발생을 전제로 한다면 도시가 최대한
의 능률성을 확보할 수 있는 최적인구규모는 한계비용(MC)과 한계생산

46

(MP)이 일치하는 점 Pa라고 할 수 있다. 인구규모가 Pc점 보다 아래에 있는 도시들은 한계생산(MP)이 한계비용(MC)보다 높아지고 있기 때문에 도시인구증가로 인하여 발생하는 도시이익이 도시관리비용을 초과하므로써 경제적 이익이 발생하게 될 것이며, 반면 인구규모가 Pc점보다 위에 있는 도시들은 한계비용(MC)이 한계생산(MP)보다 높아지고 있기 때문에 경제적 불이익이 발생되기 쉽게 된다. 그러므로 도시의 총생산가치를 극대화하기 위해서는 인구규모를 Pc로 유지하려는 도시정책이 필요하게 된다. 최소비용접근법에 의하여 도시적정규모는 3-100만 명의 규모로 다양하지만 상당수의 학자들은 대략 10-30만 명 정도를 제시하고 있다(A. Gilbert, 1976: 24)[23]. 도농통합시의 인구규모는 도시적정규모이론과 정주생활권계획에서의 중심도시의 인구규모와 유사하게 약 10만-30만 명으로 나타나고 있어 도·농 통합이 도시개발에 긍정적인 효과를 가져올 것으로 전망되고 있다[24].

---

[23] 임승달(1995)은 정주생활권계획에서도 지방중심도시가 되기 위해서는 대학과 대형공공시설을 유치할 수 있고 성장산업이 입지 할 수 있도록 인구규모가 20만 명 이상이 되고 농촌생활권 중심도시는 10만 명 정도는 되어야 한다고 하였다.

[24] 도시적정규모이론이 집적에 따른 비용과 편익과의 관계를 기반으로 한다는 비판도 존재한다. 뉴튼(K. Newton, 1982: 190-206)은 도시서비스의 종류와 질이 국가에 따라서 상이할 수 있기 때문에 일반적인 도시적정규모의 산정이 어려울 뿐더러 도시정부의 관리능력에 따라서도 도시적정규모는 달라질 수 있기 때문에 이에 대한 논의자체가 무의미하다고 하였고, 길버트(A.Gilbert: 1976)는 도시를 하나의 유기체적인 실체로 파악하여야 함에도 불구하고 도시문제의 규명에 정적이고 폐쇄적인 경제모형을 사용하고 있고, 도시서비스의 경우 총비용과 총생산을 계층화하는 것은 거의 불가능하며 이를 산출하기도 어렵다고 주장하였으며, 이성복(1994)은 도시적정규모이론이 인구규모로만 접근하므로써 인간의 접근성, 건강, 시민생활의 안정, 교육시설 등의 사회적인 측면과 산업구조 등은 전혀 고려되지 않는다고 주장하였다.

第2節 市郡統合의 目的

　구역개편은 다양한 목적에 의하여 이루어질 수 있는데, 구역개편의 목적
을 크게 보아 정치적, 경제적 및 사회·문화적 목적으로 나누어 볼 수 있다
(안용식, 김천영, 1995: 144-149). 첫째, 구역개편은 정치적 목적에 의해서
이루어질 수 있는데, 여기에는 중앙정부가 지방정부를 정치적으로 지배하기
위한 수단으로서 구역개편이 이루어지는 경우, 지배정당의 정치적 이념을
반영시키려는 의도에서 구역개편이 이루어지는 경우, 중앙정부의 행정편의
를 증진시키기 위해서 구역개편이 이루어지는 경우, 지방정부의 입장에서는
개별 지방정부의 정치적 자율성을 향상시키려는 의도에 의하여 구역개편이
이루어지는 경우 등이 포함된다.

　둘째, 구역개편은 경제적 이념에 의하여 이루어질 수 있는데, 이에는 중
앙정부가 지방정부를 경제적으로 지배하기 위하여 구역개편이 단행되는 경
우, 중앙정부가 통합위주의 지방행정구역개편을 통해 총체적인 효율성을 확
보하려 할 때, 지방정부의 입장에서는 개별 지방정부의 경제기반을 합리화
하기 위하여 구역개편이 이루어지는 경우 등이 포함된다.

　셋째, 구역개편은 사회·문화적 목적에 의하여 이루어질 수 있는데, 국가
나 중앙정부가 지방정부를 사회·문화적으로 지배하기 위한 수단으로서 구
역개편을 단행하는 경우, 산업화·도시화로 인한 사회적 문제를 해결하기
위해서 구역개편이 이뤄지는 경우, 지방정부의 입장에서는 개별지방정부의
사회·문화적 계기를 가져오기 위한 의도에서 구역개편이 이루어지는 경우
등이 포함된다. 이렇게 구역개편은 어느 하나의 목적에 의해 구역이 개편되
는 것이 아니라 세 가지의 목적이 복합적으로 작용한다. 즉 정치적 목적을
충족시키기 위해서는 경제적 목적과 사회·문화적 목적의 지원이 필요하다.

또한 구역개편의 목적은 당해 지방정부나 지역주민과 같은 일차적 수혜자의 수요를 반영하기보다는 국가나 중앙정부의 수요가 반영되는 경향이 짙다. 이러한 사실은 구역개편 시에 기관중심의 논리가 작용하고 있음을 보여주는 것이다.

이러한 목적을 가지고 시행되는 도·농 통합에 대한 효과를 살펴보면, 첫째는 생활권을 무시한 인위적 분리개편에 강한 비판을 제기했다는 점이다. 그 동안의 분리형 개편은 동일생활권을 인위적으로 분리시킴으로써 주민의 일상생활에 불편을 주었으며 광역행정 수행에 있어 자치단체간의 불필요한 마찰이 일어나는 경우가 많았다.

둘째, 소규모 자치단체의 통합으로 자치단체의 정치력과 기획력을 높인다는 점도 높이 평가할 수 있다. 주민참여의 고양이라는 지방자치의 정신을 살리기 위해서는 자치단체를 보다 작은 단위로 분할하여야 한다는 주장도 있으나 오히려 적절한 정치력과 기획력을 갖춘 규모로 확대해야 한다는 주장이 더욱 타당하다. 도·농 통합안은 이와 같이 생활권과 정주권을 강조하여 주민의 일상생활과 행정구역 또는 자치구역을 일치화시킴과 동시에 보다 원활한 광역행정체계를 마련하고 소규모 자치단체의 통합을 통하여 자치단체의 정치력과 기획력을 키울 수 있는 긍정적 효과가 있다.

통합 찬성론자들은 도·농 통합은 통합으로 인하여 주민생활권과 자치구역의 일치, 비용의 절감, 외부효과의 내부화, 주민생활의 편의증진, 규모의 경제 실현, 도시와 농촌간의 균형개발이 이루어진다고 주장한다

1. 住民生活圈과 自治區域의 一致

과거 읍이 시로 승격되면서 시와 군은 행정구역은 달리하면서도 경제활동은 행정권과는 별개로 겹쳐지는 곳이 많았다. 특히 시의 경계안에 군청이

그대로 존치하고 있어서 시가 군과는 행정적으로 분리가 되어 있지만 군민들의 생활이 시를 중심으로 이루어지고 있어서 생활권과 자치구역이 일치하지 않은 불편한 관계에 놓여 있었다[25].

도·농 통합은 중심도시와 배후농촌의 통합을 통하여 행정구역을 주민들의 실질적인 생활권, 경제권, 교통권과 일치시키므로써 주민불편을 해소시키고자 하는 것이다. 또한 도·농 통합 전의 도시지역 중심으로 수립된 도시계획이 통합 후에는 농촌지역도 도시계획수립대상에 포함된다. 따라서 통합을 통해 개발계획의 수립과 집행이 용이하게 이루어질 수 있게 되고 주민불편을 해소해 줄 수 있게 된다[26].

2. 費用의 節減

지방자치구역개편이 지방정부 서비스를 효율적으로 제공하고 지역간, 또는 집단간 형평성있는 정부투자를 위한 적정한 지방정부의 크기를 재조정하는 도·농 통합에 초점이 맞춰지고 있다면, 과연 도·농 통합이 지방정부 정책에 있어 효율성과 형평성을 제고시키는데 기여할 수 있는가에 대한 기

---

25) 이러한 현상은 군청이 시지역에 위치하고 있는 지역의 경우에 더욱 강하게 나타났다. 이와 같이 생활권과 행정구역의 불일치로 인하여 주민들은 통근, 통학, 구매, 공공시설 이용이 불편할 뿐만 아니라 공공시설이용에 있어서도 추가비용을 부담하는 경우가 많았다.

26) 1995년 12월 건교부에서는 도시기본계획수립지침을 마련하여 통합도시의 도시기본계획수립시 이를 기준으로 삼도록하였다. 대부분의 도농통합시에서는 도시기본계획을 마련하여 공청회 등의 주민의견수렴, 관계기관의 자문 및 협의를 거쳐 통합을 추진 중이다. 그 주요내용을 살펴보면 첫째, 도시기본계획 구역의 범위를 행정구역단위로 하고 도시의 특성 및 지역의 여건 등 특별한 사유가 있는 경우 증감할 수 있고 둘째, 도농통합시에 대해서는 구역내 농어촌 취락시설이나 일상생활에 필요한 각종서비스의 양적, 질적 수준의 제고를 위한 생활환경정비방안을 마련하고 셋째, 도농통합시의 농어촌취락지역이나 기존시가지를 상호유기적으로 연계시킬 수 있는 교통계획을 수립하도록 하고 있다.

초적 논의가 전제되어야 한다.

도·농 통합을 통해 불필요한 지방행정조직을 정비하고 자치단체 예산을 절감하는 것이 지방정부 서비스제공에 있어 효율성을 증가시키는 것은 아니다. 행정조직을 정비하고 예산을 절감하는 것도 궁극적인 목적은 보다 적은 주민들의 조세부담으로 보다 질 좋은 지방정부서비스를 제공하는 것이기 때문이다. 마찬가지로 몇 가지의 투자사업을 낙후지역을 위해 추진하는 것으로 지방정부 정책의 형평성이 제고되었다고 보기는 어렵다.

도·농 분리적 행정구역은 동일생활권의 지역을 시·군으로 분리함에 따라 행정기구 및 공무원 수가 증가하고 공무원의 직급도 상향조정되므로써 행정비용의 중복지출로 인한 낭비를 초래하고 읍이 시로 승격된 지역에서는 잔여 군지역은 읍의 분리에 따라 관할구역이 축소되고 인구가 정체되거나 감소되었음에도 불구하고 공무원 수는 지속적으로 증가하였다(이규환, 1994: 27)[27].

따라서 생활권이 동일한 시·군의 통합을 통하여 행정이 일원화되면 행정기구 및 인력을 감소시키므로써 공공서비스 생활비용의 절감을 통하여 세출경비를 줄일 수 있고 절감된 예산을 지역개발에 사용할 수 있을 것이다(최양부, 윤원근, 1988: 44; 임성일, 1994: 46).

3. 外部效果의 內部化

오늘날 도시화 및 산업화로 지역구조와 주민생활권역이 점차 확대되고 있다. 도로, 교통, 상·하수도, 보건위생, 환경 등의 행정수요가 점차 광역화

---

27) 공주시의 경우 1984년 시승격이전의 공무원수는 91명에서 시승격이후 1993년 말에는 459명으로 증가되었으나 인구는 58,470명에서 57,928명으로 542명이 감소하였다. 다른 지역인 남원시, 상주시, 영천시, 장승포시, 밀양시, 점촌시, 삼척시의 경우도 인구는 감소하였으나 공무원수는 평균 약4.2배 증가하였다.

되므로써 인접하고 있는 지방자치단체와의 공동개발의 필요성이 더욱 증대되고 있으나 도농분리적 행정구역에서는 분배적 공평성의 문제를 야기시키며 시·군간 갈등이 계속 상존하고 있다(K. R. Cox and R. J. Johnston, 1982: 3-4). 따라서 정치적 분권화에 따른 지역정치 활성화의 필요성은 과연 통합되어 규모가 커진 지방행정체제가 지역정치 활성화에 기여할 수 있는가 하는 중요한 논의점을 제시하고 있다.

달(Dahl,1967: 968)은 "큰 규모의 지방행정체제가 민주적으로 운영될 수 있을까?" 하는 의문을 제기하였으며, Bish와 Ostrom(1973: 95)은 규모가 크고 관료적인 지방행정체제는 광범위한 지역의 문제를 해결할 수 있는 능력이 부족하다고 지적하면서, 특히 미국 대도시지역에서의 문제를 도시위기(urban crisis)라고 규정하고 있다.

도·농 분리의 행정체제는 지역이기주의로 인해 인접 도·농간 광역행정의 수행이 어렵다. 이는 도·농간의 공공서비스의 최적공급에 가장 큰 장애요소인 외부효과의 문제를 발생시키기 때문이다. 공간적 외부효과의 발생은 사회적 편익이나 수요가 과대 측정되거나 수익자 부담원칙이 실현되지 않기 때문에 세입·세출에 대한 효율적인 선택이 어렵게 된다. 도시계획법에 공동이용 가능한 광역시설의 규정[28]에도 불구하고 공동묘지, 화장장, 폐기물처리시설, 하수종말처리장 등과 같은 혐오시설의 설치나 지역주민의 원치 않은 토지이용(LuLu: Locally Unwanted Land Use)은 비용과 편익의 외부효과 때문에 입지선정과정에서 도시지역과 농촌지역간에 많은 갈등을 일으키고 있다(김광식, 1995: 8). 이러한 갈등은 지방자치제도 실시 후 더욱 심화되고 있는데 공간적 외부성 문제에 대응하는 방법은 특정 공공재의 비

---

28) 도시계획법 제2조 제1항 제4호, 동법시행령 제2조의 2에 의하면 광역시설이란 도시계획시설 중 도로, 철도 등 광역적 정비체계가 필요한 시설로 2이상의 도시계획구역을 대상으로 하는 광역계획구역내에서 광역계획에 의하여 설치하는 시설을 말한다.

용과 편익에 관련되어 있는 모든 소비자들을 동일한 구역에 포함하는 관할 구역을 충분히 확장하는 것이다(C. M. Tiebout, 1972).

따라서 도·농 통합으로 공공서비스권역을 광역화하여 비용부담권역과 편익수혜권역을 일치시킴으로서 외부효과의 내부화를 통해 공공서비스 공급을 효율적으로 수행할 수 있다(김선기, 1996: 127).

4. 規模의 經濟 實現

공공서비스의 생산에 있어서 규모의 경제란 공공서비스의 공급규모가 증대됨에 따라 단위당 생산비용이 감소하는 것을 의미한다. 통합을 통한 지방행정조직의 재조정을 꾀하려는 통합론자들의 이론적 근거는 공공서비스의 제공에 있어 "규모의 경제(economies of scale)" 원리가 적용된다는 것이다. 통합론자들은 지방정부의 행정서비스 제공에 있어 중첩(duplication)과 세분(fragmentation)이 낭비와 비효율성의 주된 원인이라고 지적하며 지방정부의 통합을 통해 보다 효율적인 공공서비스의 제공을 기할 수 있다고 주장한다(Wood, 1958 : Zimmerman, 1970 : Committee for Economic Development,- 1966 : Advisory Commission on Intergovernmental Relations, 1976). 만일 공공서비스의 공급규모가 커짐에 따라 실제로 단위생산비용이 감소하는 효과가 발생한다면 규모의 경제가 존재하며, 따라서 지방행정조직을 통합하려는 행정구역개편 논리는 타당하게 받아들여진다. 그러나, 지방정부서비스 제공에 있어 규모의 경제가 존재하는지, 존재한다면 규모의 경제로 인한 총비용의 절감효과가 극대화되는 규모는 어느 정도인가에 대한 실증적 합의가 이루어지지 못하고 있다. 미헤이(Mehay, 1977)와 하킴(Hakim, 1980)은 지방정부의 통합이 효율적인 공공서비스를 제공할 수 있는 지방정부의 적정한 규모(optimal size)를 넘어서 비효율적인 과잉배분을 초래한다는 것을 실증적인 자료를 통해 보여주고 있다. 비쉬와 오스트롬(Bish and Ostrom, 1973:79)은 대도시의 현상을 관찰하여 도시가 너무 비대해지면, 질이 좋은 공공서비스를 제공하는데 중요한 요소인 정부와 주민들간의 밀접한 관계가 형성될 수 없다고 하였다.

W. E. Lyons와 D. Lowery는 도농통합 후 공공서비스에 대한 주민만족도가 증가되었다고 주장하였으며[29], B. Rogers와 M. Lipsey의 연구에서는 비통합지역에서의 공공서비스에 대한 주민만족도가 통합지역보다도 높다고 주장하였다[30]. J. Carver의 연구에서는 도농통합후 주민의 행정에 대한 접근성과 행정의 주민대응성이 높아졌다고 주장하였다[31].

도 · 농이 분리되어있을 경우에는 이들 지역이 각기 별개로 공공서비스의 공급을 위한 시설에 투자해야 하므로 투자규모가 영세해지고 지역간 연결성을 확보하기 어렵기 때문에 예산의 낭비를 초래하게 된다(권선택, 1994: 63). 따라서 도 · 농통합을 통하여 공공서비스시설에 대한 중복투자를 피하고 규모의 경제를 달성하므로써 공공서비스공급의 효율성을 증대시킬 수 있다는 것이다(J. Horan and G. T. Taylor, 1977). 특히 상수도와 하수처리 등의 공공서비스는 지방자치단체가 개별적으로 공급할 경우 운반, 처리, 처분 등에 있어서 높은 비용이 발생된다고 한다(김명환, 1997: 28).

우리나라의 지방자치구역 개편에서도 도 · 농 통합에 따른 비효율성과 지방정부 서비스 제공에 있어 주민들의 만족도가 저하될 것으로 예상되는 곳이 적지 않다[32]. 또한 도 · 농 통합의 대상이 되는 많은 지역이 도시와 인접 농촌지

---

29) W.E. Lyons and D. Lowery, "Government Fragmentation versus Consolidation : Five Public Choice Myths about How to Create Informed, Involved and Happy Citizens", Public Administration Review 49, 1989, pp.533-543.
30) B.Rogers and M.Lipsey, "Metropolitan Reform : Citizen Evaluations of Performance in Nashville-Davidson County, Tennessee", Publius 4, 1974, pp.19-34.
31) J. Carver, "Responsiveness and Consolidation : A Case Study", Urban Affairs Quarterly 9, 1973, pp.211-249.
32) 청주시와 청원군의 경우 통합이 되면 인구와 재정능력으로 보아 충북 전체의

역의 생활환경과 주민들의 욕구가 판이하게 다른 경우가 있어 통합된 관리체제를 통해 지방정부가 지역주민들의 만족도를 높일 수 있는 행정서비스를 제공할 수 없게된다. 지방행정서비스의 제공에 있어 세분화된 행정체제가 보다 효율적이라는 많은 연구들(Wagner and Weber, 1975 ; Schneider,1986 ; Bell,1988)이 지방정부 통합의 비효율성을 경고하는 있는 것을 볼 때, 도·농 통합이 과연 단순히 행정경비의 절감이라는 측면 뿐 만 아니라 지방정부의 효율적인 서비스제공을 통해 주민들의 삶의 질을 향상시킬 수 있는가가 검증되어야 한다. 지방정부의 존재는 지역주민의 삶의 질을 향상시키는 서비스를 지속적으로 제공할 수 있는 능력이 있어야 한다. 따라서 공공서비스 권역을 통합하여 통합서비스 공급체계를 마련하므로써 도·농의 분리로 인한 중복관리비용 및 중복투자 등의 가외비용(redundancy cost)을 최소화하여 공공서비스의 단위비용이 감소되고 개발투자의 효율성을 제고할 수 있다.

5. 都市와 農村의 均衡開發

그 동안 구역개편의 관행이 되어 온 도·농 분리형 개편은 도시개발을 촉진하고 도시민에 대한 서비스를 확대하는 등의 장점이 있기도 했으나 전반적으로 다음과 같은 문제점이 있었다.

첫째, 동일 생활권내의 읍을 시로 승격시켜 생활권과 행정구역을 인위적으로 분리시켰다는 것이다. 도·농 통합 안을 처음으로 제안한 것으로 알려져 있는 최양부와 윤원근(1988)은 "도·농 분리형 행정구역 개편은 주민들의 실제 생활권을 무시함으로써 자연적인 공간 흐름을 왜곡시키고, 도시지

1/3이 넘어설 것으로 전망되어 주민들의 다양한 욕구를 정확하게 파악하여 적절한 행정서비스를 효율적으로 제공하기 어렵게 되기 때문에 지방정부 통합으로 인한 공공서비스의 제공단위의 확대가 오히려 단위생산비용의 증가를 가져오는 소위 "규모의 비경제(diseconomies of scale)"가 우려된다.

역으로의 인구집중을 촉진하는 부작용을 가져왔다"고 지적하고 있다.

둘째, 잔여군부(殘餘郡部), 즉 시로 승격된 지역이외 지역의 행·재정적 능력을 약화시키고 그로 인해 도시지역과 농촌지역의 지역개발과 행정서비스에 큰 격차를 가져오게 한다는 것이다. 즉, 지방세의 주요 세원이 되는 도시지역이 따로 떨어져 나감으로써 도·농간의 재정적 격차가 커지게 되었고, 유능한 행정인력이 분산됨으로써 행정력의 손실을 가져왔다는 것이다.

셋째, 생활권과 행정권의 분리로 인한 결과이기도 하겠지만 같은 생활권에 속하는 시와 군간의 불필요한 마찰을 일으키고 있을 뿐만 아니라 광역행정 수요에도 제대로 대응하지 못하는 문제가 발생하고 있다는 것이다. 즉 지역개발계획이나 도시계획, 그리고 상·하수도, 보건위생, 환경 등의 광역행정문제가 발생한 경우 하나의 자치단체 같으면 종합적으로 계획·집행할 수 있겠으나 분리된 경우는 자치단체간의 상호협력문제를 야기하게 된다는 것이다.

넷째, 도·농 분리는 또한 도시 위주의 개편으로서 잔여군부의 지리 공간적 구조에 많은 문제점을 야기했다는 것이다. 즉 군의 일부분이 서로 개편되어 빠져나가면서 군지역을 '도넛형'으로 만들어 놓든가, 아니면 시를 가운데 두고 두 쪽 혹은 세 쪽으로 분리시켜 놓는 등 군의 지리적 공간구조를 불합리하게 만들어놓고 있다는 것이다. 그리고 다섯째, 도·농 분리에 다른 일반행정비의 과다지출이 초래되고 있다는 것이다. 하나의 구역이 둘 혹은 그 이상으로 나누어지면서 행정기관이 증설되고 있을 뿐만 아니라 공무원의 숫자가 증가하고 직급이 상향조정되는 등의 문제를 안고 있다든 것이다. 도농분리적 행정구역방식은 군 지역의 중심지 역할을 수행하고 있는 읍을 시로 승격시키므로써 잔여 군 지역(rump country)의 인구감소 및 재정악화를 초래하고 산업구조를 취약하게 하므로써 도농간의 개발격차를 심화시킨 것으로 지적되고 있다. 특히 인구 5만 명이 안 되는 읍을 시로 승격시키기 위하여 주변의 면 지역을 편입시키므로써 잔여 군 지역은 인구와 면적이 크게 위축될 수밖에 없었다[33].

도·농 통합 직전인 1994년 현재 우리나라 기초자치단체의 재정자립도는 시가 평균 64%인 반면, 군은 평균 25% 수준에 불과하며[34] 지방세수입으로 공무원의 인건비조차 해결하지 못하고 있는 군이 전체 136개중 85%인 115개에 이르고 있다. 아울러 자체수입(지방세수입+세외수입)으로서 공무원의 인건비를 충당하지 못하고 있는 기초자치단체는 77개이며, 이중에는 군이 72개로서 전체 136개 군의 53%를 차지하고 있어 군의 재정상태가 극히 미약한 실정이다[35].

도·농 통합은 개발권역을 일치시켜 도시지역과 농촌지역의 균형개발을 도모하여 도시지역 주민에게는 녹지와 여가공간을 제공해 주고 농촌지역 주민에게는 도시수준의 생활환경 및 문화공간을 제공해 준다. 또한 도·농 통합은 인접하고 있는 지방자치단체간 부존자원을 결집시키므로써 지방제정의 증대효과를 가져올 수 있고 지역개발재원이 부족한 농촌지역은 통합에 따른 예산절감의 투자를 통하여 재정상태를 개선할 수 있다[36].

특히 오늘날은 도시화가 확대되어 농촌지역만으로는 규모경제의 확보가 어려운 실정이므로 지역경제의 생산성 제고를 위해서는 도시와 농촌을 통합한 도시계층 정주체제가 필요하다(이성복, 1995: 49). 더욱이 최근 들어서는 국제화, 개방화가 가속화됨에 따라 지방자치단체도 세계체계 속에서 계층제를 형성해 나가고 있다. 도시체계도 종전에는 국가 내에서 형성되었으

---

33) 읍이 시로 승격된 일부 시지역 중에서 시군통합전 나주시는 인구 38,161명, 삼 척시는 인구 41,856명, 김제시는 인구가 47,416명이었으며 점촌시는 인구가 47,589명으로써 시승격 당시 인구 5만 명에도 미치지 못했다. 한국도시행정연구소, 「전국통계연감」, 1995.
34) 1995년 지방재정연감 참조
35) 내무부, 「행정구역개편백서(1994-1995)」, 1995, p. 29.
36) 한국지방행정연구원, 「도농복합형태시의 도시개발방안」, 1996, p. 23.

나 세계화, 지방화시대에는 세계 속의 국가별 계층제가 형성되고 있다. 이에 대해 프리드만은 세계도시를 국제금융센터, 다국적기업의 본사입지, 국제기구 및 국제조직의 사무국이 입지한 도시, 서비스산업의 급격한 성장, 세계적 제조업의 중심지역 등 대규모의 도시라고 정의한다. 이에 따라 소규모의 농촌자치단체로서는 국제경쟁력강화가 어렵기 때문에 도시기능과 농촌기능을 통합하는 새로운 지방자치단체의 출현이 요청된다(이성복, 1994: 5).

第3節 市郡統合에 따른 否定的 效果

도·농 분리형 개편에 대한 비판적 인식에 기초한 도·농 통합형 개편론은 생활권(生活圈)이론과 정주체계(定住體系)이론에 입각해 도시형 자치구역과 농촌형 자치구역을 다시 통합된 상태로 돌릴 것을 주장하며, 통합이야말로 인간생활의 자연적 흐름을 반영하게 될 것이며 그로 인해 자치단체간의 불필요한 갈등과 행정적 낭비를 줄이게 될 것이라고 한다. 또 궁극적으로는 농촌을 인간정주(人間定住)의 지역사회로 만들어 농촌사람이 시민으로서 긍지를 지니고 농촌을 떠나지 않고 안정된 일자리와 소득을 가질 수 있는 공간으로 만들어야 한다. 그러나 도·농 통합의 성격은 다면적이고 복합적이기 때문에 어느 한 측면에서 긍정적 효과로 제시된 것이 다른 측면에서는 부정적 효과로 지적되기도 한다. 이와 같이 동일사안의 경우에도 그 효과에 대하여 보는 시각에 따라 상반된 견해를 보이는 것은 외형적·양적 변화로서 도·농 통합시의 자치구역이 확대되고, 내면적·질적 변화로서 도·농 통합시가 도시적 요소와 농촌적 요소를 공유하고 있는 지방자치단체 구성의 복합화에 기인하고 있기 때문이다(김선기, 1996: 125).

　도·농 통합에 따른 부정적 효과들은 도·농 통합시의 유형, 도·농 통합시의 도시지역과 농촌지역에 따라 다를 수 있다. 하지만 대체적으로 통합시 우려될 수 있는 문제점으로서는 도·농간 행정수요의 이질성, 행정의 주민 대응성 감소, 규모의 경제에 대한 불확신, 행정서비스공급의 지역간 불균형 등을 들고 있다

1. 都·農間 行政需要의 異質性

　도·농 통합형 구역개편의 단점으로는 도시지역과 농촌지역이 단일 행정구역내에 병존함에 따라 주민들의 다양한 수요에 부합하는 행정서비스를 공급하기가 어려울 수 있다는 것이다. 이는 티부의 가설(Tiebout Hypothesis)[37]에 바탕을 둔 공공 선택론자들의 견해로서 개별소비자들이

---

37) Tiebout의 생각에 의하면 공공재의 수요에 있어서의 상이성은 이동(moving), 보다 정확히 표현하자면 같은 수요를 가지고 있는 사람들끼리의 집권화(grouping)에 의해서 해결될 수 있을 것이라고 보았다. 그렇다면 소비자는 '지방정치에의 참여'(voice)나 '발에 의한 투표'(voting with one's feet ; exit)를 통해 재정적 선택에 영향을 미칠 수 있게 된다. 이러한 논리는 필연적으로 분권화된 작은 구역의 정부형태를 선호하게 한다. 주민의 이동성을 전제로 주민들이 자신들의 선호에 맞는 공공서비스를 공급하는 지방자치단체를 주민 스스로 선택할 수 있다는 것, 즉 지방정부서비스에 대한 주민들의 선택을 통해 그들의 선호를 표명하게 됨에 따라 시장과 유사한 방법으로 주민들의 공공서비스에 대한 수요를 파악할 수 있다는 것이 티부가설의 요지이다. 공공선택이론의 한 유형으로서의 티부가설은 다수의 적은 규모의 지방정부들이 적당한 량의 지방공공재를 공급하는 시장기구로서 작용할 수 있다는 새로운 가능성을 제시해 주고 있다. 즉 개인이 세금과 서비스의 묶음(tax and service package)을 고려하여 자신이 가장 만족할 수 있는 지역을 선택하여 산다는 의미이므로, 개인은 여러 지역사이에서 쇼핑(shop)을 하는 것이며 그 들에게 가장 잘 맞는 하나를 구매(buy)한다는 개념과 일치하게 되는 것이다.
티부는 다음과 같은 가정하에서 이와 같은 메커니즘이 완전하게 작동하여 공공재의 효율적인 공급이 달성될 수 있을 것으로 보았다. 첫째, 소비자들은 가동적이며(mobile)이며 그들의 선호를 가장 잘 만족시켜 줄 수 있는 지역으로 언제

정부에 요구하는 것이 다양할수록 사회적 후생을 극대화시키기 위해서는 정부단위를 작은 규모로 분권화시켜야 한다는 것이다. 도시지역과 농촌 지역은 사회기반시설, 생활환경 및 소득수준 등의 제반여건에 차이가 있다. 도시주민은 도서관, 미술관, 운동장, 공원, 상수도 등의 문화생활 과 관련된 행정서비스에 대한 수요가 많은 반면, 농촌주민은 농지개량, 농로 등 진입도로의 포장과 확장, 영농시설의 지원 등의 공공서비스를 선호할 경우 이에 대한 투자순위의 결정이 큰 문제가 된다(김광식, 1995: 9). 이와 같이 행정수요가 다른 두 지역을 하나의 지방자치단체가 관리하기보다는 각 지방자치단체가 지역특성에 적합한 행정서비스를 공급하는 것이 행정의 전문화를 기함으로써 행정의 효율성을 도모할 수 있다는 것이다(오희환, 1994: 21).

그리고 도시지역은 인구밀도가 높기 때문에 교통서비스, 상하수도, 각종 편의시설 공급이 용이하지만 농촌지역은 취락이 산재되어 있어 도시기반시설설치와 도시서비스공급에 어려움이 많게 된다(임승달, 1995: 39). 따라서 인구규모가 다르고 행정서비스의 수요와 세출부분이 이질적인 도시와 농촌이 통합되는 경우에는 행정서비스가 비효율적으로 공급됨으로써 지역경제기반의 악화, 규모의 불경제, 행정서비스의 비효율성 등으로 장기적으로 지방재정을 악화시킬 수 있다(임승달, 1995: 49).

든지 옮겨가려 한다. 둘째, 소비자들은 지역들 사이에서의 세금/서비스 묶음에 대하여 완전한 정보(complete knowledge)를 가지고 있다.셋째, 선택할 수 있는 지역들은 매우 많다(many communities). 넷째, 고용기회와 관련하여 소비자의 이동이 제약되지 않는다(no restrictions on consumer mobility). 다섯째, 지역들 사이에서의 공공서비스혜택이나 조세의 유출이 없다(no spillover). 여섯째, 각각의 지역들에서는 규모의 경제의 혜택을 얻기 위하여 적정규모의 인구(right-size population)를 끌어들이고자 한다. 즉 공공재 생산의 최소평균비용에 도달하기 위하여 노력한다는 것이다 (Charles M. Tiebout, 1956: 416-424).

2. 行政의 住民 對應性 減少

작은 규모의 행정구역이 넓은 규모의 행정구역에 비하여 공공서비스 제
공에 있어서 주민의 선호를 제대로 반영할 수 있다고 공공선택론자들은 주
장한다(H. Wolman, 1990). 행정구역이 확대되면 지방자치단체와 주민간의
거리가 멀어지고 주민의 행정에 대한 접근성(accessibility)이 더욱 어려워져
행정참여와 행정통제가 약화되며 보건, 사회복지, 교육 등 주민의 행정수요
에 대한 행정의 대응성(responsiveness)이 감소되기 쉽다는 것이다(이규환,
1994: 26).

미국의 경우에도 도·농 통합으로 인하여 지방자치단체의 문제해결능력
은 향상되었지만 분권적 의사결정 구조가 무너지는 경향이 나타나고 있다.

3. 規模의 經濟에 대한 不確信

도·농 통합에 따른 '농촌지역 자치단체의 취약한 재정력'과 '농촌사회의
후진성' 등에 대해 잘못된 인식을 갖고 있다는 것이다. 재정력과 관련하여
도·농 통합은 시와 군의 재정력이 큰 차이가 있다고 보고 이를 통합함으
로써 '시민'과 '군민'에게 보다 균등한 서비스를 제공할 수 있다고 한다. 이
에 대한 근거로 흔히 재정자립도상의 불균형을 든다. 여기에는 여러 가지
문제점이 있다.

첫째, 농촌형 자치단체인 군의 재정자립도가 낮다고 해서 군이 자체재정
만으로 행정을 수행하는 것은 아니라는 것이다. 당연히 중앙정부로부터 지
원을 받게 되는데 그 지원의 상당부분이 중앙정부의 간섭없이 일반재정으
로 쓸 수 있는 지방교부세로 이루어지고 있다. 지방교부세는 잘 알려진 바
와 같이 재정이 좋은 곳에는 주지 않거나 적게 주고, 재정이 나쁜 쪽은 많

이 주어 자치단체간의 재정을 비교적 균등화시키기 위해 교부되는 자금이
다. 비도(費途), 즉 그 쓰는 목적에 대해서도 간섭이 있을 수 없는 자금이
다. 앞서 이야기한 바와 같이 시와 군의 평균 재정자립도는 72.5:31.2로 크
게 차이가 난다. 그러나 이와 같은 지방교부세를 포함하는 비율은 91.7:86.2
로 나타나게 된다(1994년 시·군 일반회계 당초예산). 그다지 큰 차이가 부
각되지 않는다 하겠으며 도·농 통합으로 재정적 균형을 이룩할 수 있다는
주장도 그 근거를 그만큼 상실하게 된다고 하겠다.

　둘째, 시의 재정이 그나마 조금 나은 상태에 있다고 하나, 통합 대상이
되는 시의 거의 모두가 지방교부세 교부대상으로 그 역시 행정자치부가 산
정하고 있는 기준재정수요에 기준재정수입이 미달하고 있는 상태에 있다.
다시 말해 이들 역시 기본적인 운영에 필요한 재정이 부족해 중앙정부로부
터 보조를 받고 있는 것이다. 농촌 쪽으로 흘려보낼 재원이 있을 수 없다.

　셋째, 군의 재정이 나쁜 것은 지방세의 구조가 토지 등 자산과세 중심으
로 되어 있는데 다 농촌지역의 토지가 부가가치가 높은 쪽으로 이용되지
못하게 그 이용을 제한하고 있기 때문이다. 우루과이라운드의 영향으로 농
촌경제의 구조개편이 불가피한 상황에서 이러한 구도는 향후 얼마든지 변
할 수 있을 것이다. 재정력에 관한 이러한 인식에 이어 '농촌사회의 후진성'
에 관한 인식에도 문제가 있는 것으로 판단된다. 농촌의 사회경제적 정체가
심각한 것은 사실이나 이것은 어디까지나 수출 지향적인 경제구조 속에 농
업과 농촌을 희생으로 삼은 것이 그 원인이라 할 수 있다.

　도·농 통합을 통한 규모의 경제(economies of scale)효과는 미미할 뿐만
아니라 실증적인 증거를 찾을 수 없다는 주장이 제기되고 있다(D. Durning,
1995: 272-297). 규모경제의 원리는 원래 기업에 적용하던 경제논리로서 지
방자치단체의 공공서비스공급에 그대로 적용할 수는 없다는 것이다(김명환,
1997: 28). 또한 지방자치단체의 공공서비스공급에 있어서 실제로 규모의

경제가 존재하는지의 여부, 존재한다면 규모의 경제로 인한 총비용의 절감 효과가 극대화되는 규모는 어느 정도인가에 대한 실증적 합의는 이루어지지 않고 있다고 한다(유병욱, 1994: 528-530).

실제적으로도 상당량의 지방자치단체의 공공서비스는 규모의 경제를 적용하는 것이 바람직하지 않거나 규모의 경제가 나타나는 영역은 그리 많지 않다는 것이다(이재원, 1995: 100). 그렇지만 우리나라의 경우 공공선택이론에서 말하고 있는 주민의 이동성이 지방자치단체가 공급하는 서비스의 선호에 의해서만 결정되는 것으로 보기는 어렵고 규모가 큰 지방자치단체가 관할구역에 대한 세부적이고 핵심적인 정보를 얻지 못하면 규모의 불경제가 발생할 수도 있다는 불확신을 가지고 있다(김명환, 1997: 29).

4. 行政서비스供給의 地域間 不均衡

도·농 통합으로 인하여 주민의 행정수요가 과거의 농촌지역이었던 군지역이 행정적으로 도시지역으로 변화됨에 따라 시정운영이 도시지역 중심으로 이루어지므로써 통합시내의 농촌지역이 상대적으로 소외될 가능성이 높다(박희정, 1994: 57). 그리고 농촌의 오지지역들은 인구가 적고 사회간접자본이 빈약하여 지역개발투자에 대한 효과가 낮기 때문에 상대적으로 인구가 밀집되어 있는 도시지역에 우선 투자가 이루어질 가능성이 많다(임성일, 1994: 49-54).

또한 정치적으로는 지방의회의 구성이나 지방자치단체장의 선출이 인구비례상 도시지역에 편중될 가능성이 많고 지방의회와 지방자치단체장도 유권자가 많은 도시지역의 이익에 보다 많은 관심을 가지게 되므로써 각종 개발사업 및 행정서비스 공급이 도시지역 중심으로 편향될 개연성이 높다(조진상, 1994: 41, 김병준, 1994: 10). 이와 같이 개발사업 및 행정서비스

공급이 도시지역 위주로 추진될 경우 농촌지역은 대부분의 지능이 도시지역에 예속되는 종속관계로 전락할 수도 있다. 더욱이 혐오시설의 경우에도 정치·경제적으로 열세에 있는 농촌지역에 집중될 가능성이 높다고 볼 수 있다. 농촌지역 주민들이 도농통합을 반대한 주요한 이유중의 하나도 농촌지역은 쓰레기처리장, 하수종말처리장 등의 혐오시설의 입지대상지로 전락하고 농촌지역에 대한 각종혜택이 감소되거나 부담이 늘어날 것을 우려하기 때문이다. 이러한 농촌지역 주민들의 걱정을 불식시키기 위하여 정부에서는 '도농복합형태의시설치에따른행정특례등에관한법률'을 제정하여 종전에 누렸던 농촌지역의 정부지원혜택을 그대로 누릴 수 있게 하였다[38].

---

38) 행정특례의 주요내용은 1. 시·군통합으로 인해 어느 일방의 지방자치단체나 주민이 행정, 재정상의 혜택을 상실하거나 새로운 부담을 주어서는 안되고 2. 중앙행정기관의 장 또는 도지사는 도농통합시에 대해 도농간의 균형발전을 촉진하기 위한 개발계획의 수립, 보조금 지급, 교부세 배분 등 재정상 특별한 지원을 하며 3. 통합대상 시군소속 공무원이 인사상 불이익을 받지않 아야 한다. 이의 실현방법은 1. 주민세, 면허세 등 세액의 종전대로 유지 2. 지방교부세의 통합후 5년간 읍,면지역에는 교부세 산출방식을 달리하여 종전 교부세 총액에 변동이 없도록 하고 3. 지방양여금은 읍,면지역에는 종전과 같 이 동일한 비율의 양여를 원칙으로 하는 법령의 정비 4. 통합시의 읍,면지역 에 있는 중학생 의무교육대상자는 그대로 의무교육혜택을 받을 수 있도록 하 며 5. 교통유발부담금 및 환경개선부담금은 통합시의 읍, 면지역에 대하여는 군지역의 기준에 적용받을 수 있도록 하며 7. 중앙정부의 통합시에 대한 특 별교부세의 지원으로 도농간 균형개발사업을 추진하도록 하며 8. 통합으로 인해 절감되는 예산은 군지역의 소득증대사업, 주민생활편익사업 등으로 집 중 투자하여 지역균형발전을 도모하도록 하였다.

第3章 市郡統合의 實態
- 統合여수시 事例 -

第1節 市郡統合의 實態

1. 市郡統合의 推進過程

자치구역개편에 대해서 본격적으로 논의되기 시작한 것은 1994년 3월, 제166회 임시국회에서 지방자치법이 개정되어 제7조 제2항에 도농복합형태의 시를 설치할 수 있는 근거규정이 삽입되면서 역사적으로 동일생활권이었던 인접 시·군의 통합에 대한 정치권의 합의가 이루어졌다. 이에 따라 행정자치부는 1994년 3월 17일 대도시를 제외한 전국의 68개시 중에서 인접한 군이 없는 부천, 광명, 고양, 의왕, 군포, 시흥, 과천, 안양 등의 경기도 8개시를 제외한 60개시와 이들 시와 인접한 49개 군을 통합검토대상지역으로 선정함과 동시에 시군통합지침을 발표하였다.

이 지침에 의하면 각 도지사는 동년 3월 22일까지 통합권유대상지역의 선정기준을 참작하고 지역주민의 정서 등을 종합적으로 감안하여 통합권유대상지역을 선정하여야 한다. 또한 이들 지역별로 공청회, 주민의견조사 및 지방의회의 의견수렴 등의 절차를 거쳐 통합대상지역을 확정하고 관련법령을 정비하여 연내에 도·농 통합을 완료하도록 되어 있다.

도·농 통합의 추진과정은 크게 1) 통합대상지역의 확정단계와 2) 통합추진단계로 나눈다.

〈표 3-1〉 統合의 推進段階

구 분	통합대상지역확정단계(도농통합에 대한 의사를 결정하는 단계)	통합추진단계(법적, 실무적으로 도농통합을 추진하는 단계)
단 계	통합권유 대상지역의 선정▶통합추진의 홍보▶주민공청회개최▶주민의견조사▶지방의회의견수렴▶통합기본계획의 수립▶행정자치부 건의	도농통합에 관한 법률안 마련▶국회의결▶통폐합 작업(통합추진지침시달 및 관련법령 정비)

　　따라서 행정자치부(내무부)는 각 도지사가 선정한 49개시와 43개군을 통합권유대상지역으로 발표하였다. 이는 행정자치부의 당초 통합검토대상지역에서 11개시와 6개군이 감소한 것이다. 통합권유대상지역에서 제외된 지역은 행정자치부의 시·군 통합지침에 적합하지 않거나, 시·군 지역 모두 독자적인 발전가능성이 있는 지역으로서 경기도의 6개시 2개군, 전북의 1개시 1개군, 경남의 2개시 1개군, 제주의 2개시 2개군 등이다.

　　그러나 4월 25일부터 실시된 시·군 통합에 대한 주민의견조사과정에서 통합권유대상지역이었던 강원도의 동해시와 명주군 일부지역(옥계면), 태백시와 삼척군 일부지역(하장면)은 군지역의 반대로 주민의견조사 대상지역에서 제외됨에 따라 실질적인 통합권유대상지역은 47개시와 43개군이었다. 통합권유대상지역을 선정하고 1차 주민의견조사결과 33개시와 32개군이 통합에 찬성하였다.

　　주민의견조사가 재실시된 지역은 경기도 남양주군 지역과 전남 여수시·여천군, 목포시·무안군, 동광양시·광양군이었다. 경기도 남양주군 지역은 미금시와 구리시로 분할통합하기 위하여 주민의견조사를 실시한 결과 미금시와 통합하기로 한 지역은 통합에 찬성한 반면, 구리시와 화합하기로 한 지역은 반대하였다. 군의 잔여지역 주민들에게 미금시와 구리시중 어느 시에 통합하는 것이 좋으냐는 의견조사결과 미금시와의 통합찬성 71.2%, 구리시와의 통합찬성이 28.8%로서 미금시와 남양주군의 통합이 결정되었다.

이러한 도·농 통합의 추진과정에서 여수시의 경우 여천군 지역을 분할 하여 여수시와 여천시로 통합하기 위한 주민 의견 조사결과 여천군 육지부 는 여수시와의 통합에 찬성한 반면 여천군 도서부는 여수시와의 통합에 반 대하였다. 또다시 여수시·여천시·여천군 3개 시·군의 통합방안에 대하여 주민의견조사를 실시한 결과 여천시 및 여천군의 반대로 통합이 무산되었 다.

제2차 통합권유대상지역으로 송탄시·평택시·평택군, 속초시·양양군, 천 안시·천안군, 삼천포시·사천군, 김해시·김해군, 이리시·익산군, 목포시· 무안군·신안군, 여수시·여천시·여천군 등의 10개시와 9개군을 선정하여 다시 주민의견조사를 실시하여 6개시와 5개군에서는 통합이 결정되었다. 이 렇게 하여 이루어진 1-2차 통합이 도시지역과 농촌지역의 결합이라면, 3차 통합은 경기도 이천·파주·용인, 충남 논산, 경남 양산 등의 5개 군지역이 시로 승격된 경우이다. 이와 같이 1-3차 도농통합이 추진된 결과 제주도를 제외한 8개도의 전지역에서 도농통합시가 출현하게 되었다. 충남과 경북은 모든 시가 도농통합시이며 충북, 전북, 경남은 1개시를 제외하고 모두 통합 시가 되었다(표3-2 참조). 이러한 통합시는 전체 통합시의 평균면적이 738.49㎢에 달하는 방대한 면적(서울시:605㎢)으로 인하여 저밀도의 광역 도시적 성격을 띠는 독특한 공간구조를 가지고 있다. 이들은 비록 겉으로는 통합을 이루었으나 도·농간의 비율이 약 2:8로 아직 농촌지역적 특성을 그대로 지니고 있으며 평균인구는 약 22만 7천명으로 대부분이 중·소 도 시적 성격을 띠고 있다.

따라서 이들 도·농 통합시에서는 많은 문제점들이 야기되고 있다. 첫째 도·농 통합에 대한 법령 개정과 행정적 준비기간이 짧아 적절한 지방행정체제로의 전환이 제대로 이루어지지 않고 있다. 특히 시·군 통합으로 공무원인력의 유휴분을 적절히 소화하지 못하고 그대로 방치되고 있으며 배치의 비효율성으로 지방공무원들의 불만이 고조되고 있다.

둘째 공공시설의 설치에 있어서 비용과 효과에 대한 측면을 고려할 때 지역선호시설은 인구가 밀집되어 있는 도시지역에, 그리고 혐오시설은 저인구밀집지역이며 설치비용이 적게 소요되는 도심외곽지역인 농촌지역에 설치하려 한다. 따라서 혐오시설들의 군지역 집중설치로 농촌지역이 오히려 더욱 퇴락하는 현상이 나타나고 있다.

셋째 행정능률성과 주민참여의 확대를 위한 민주성의 조화를 이룰 수 있는 적정규모의 행정구역의 설정이 필요한데 이에 대한 고려가 전혀 이루어지지 않아 민주성은 도외시하고 행정능률성만 강조하게 되어 오히려 농촌지역의 낙후가 지적되고 있다.

넷째 지역주민들에게 제공되어야 하는 행정서비스가 도시형과 농촌형으로 구분되어 제공되어야 하기 때문에 단일서비스(one-stop service)의 제공으로 인한 비용보다도 훨씬 많은 비용이 소요되어야 하기 때문에 지역주민에게 제공되는 행정서비스의 질적·양적 저하가 예상된다.

끝으로 1994년 말 제정된 '도·농 통합형태의시설치에따른행정특례법'은 통합시지역에 대하여 개별적인 개발계획의 수립과 재정지원상의 특혜 등을 규정하고 있기 때문에 통합시에 포함된 군지역과 비통합지역의 군지역간의 지역발전 격차가 심화될 수 있을 것이다.

〈표 3-2〉 全國 統合市 現況

(1997년 말 현재)

통합시명		통합지역	면적(㎢)	인구(명)
경기도	남양주시	미금시,남양주군	465.37	227,262
	평택시	송탄시,평택시,평택군	438.99	313,148
강원도	춘천시	춘천시,춘천군	1,116.47	228,024
	원주시	원주시,원주군	865.89	230,965
	삼척시	삼척시,삼척군	1,185.87	92,749
	강릉시	강릉시,명주군	1,039.87	222,917
충청북도	충주시	충주시,중원군	983.73	210,670
	제천시	제천시,제천군	882.06	145,238
충청남도	아산시	온양시,아산군	543.41	155,135
	공주시	공주시,공주군	940.71	139,238
	서산시	서산시,서산군	686.60	140,331
	보령시	대천시,보령군	561.23	124,886
	천안시	천안시,천안군	636.57	317,052
전라북도	군산시	군산시,옥구군	381.73	272,771
	정읍시	정주시,정읍군	691.97	152,446
	남원시	남원시,남원군	752.58	110,338
	김제시	김제시,김제군	543.78	130,138
	익산시	이리시,익산군	502.93	323,596
전라남도	순천시	순천시,승주군	905.15	241,889
	나주시	나주시,나주군	598.20	118,077
	광양시	동광양시,광양군	442.55	127,735
경상북도	포항시	포항시,영일군	1,125.30	507,207
	경주시	경주시,경주군	1,319.73	280,384
	안동시	안동시,안동군	1,517.76	194,336
	구미시	구미시,선산군	617.39	285,297
	영주시	영주시,영풍군	668.88	140,553
	김천시	김천시,금릉군	1,005.49	153,766
	경산시	경산시,경산군	410.42	157,429
	상주시	상주시,상주군	1,254.68	136,026
	영천시	영천시,영천군	919.29	124,161
	문경시	문경시,문경군	911.56	98,567
경상남도	창원시	창원시,창원군일부	291.62	459,813
	마산시	마산시,창원군일부	328.96	435,378
	진주시	진주시,진양군	712.68	334,205
	통영시	통영시,통영군	233.89	142,932
	거제시	장승포시,거제군	398.70	150,137
	밀양시	밀양시,밀양군	796.36	132,588
	사천시	삼천포시,사천군	395.98	122,705
	김해시	김해시,김해군	463.59	248,050
	울산시	울산시,울산군	1,051.81	944,909

2. 여수시 統合 推進背景

가. 統合에 대한 論議

(1) 통합 찬성의견

먼저 통합을 주장했던 측에서의 의견은 지역발전을 더 이상 미루어서는 안 된다는 것이다. 그 동안 여천시에서는 국가산업단지의 개발이 오히려 주민 삶의 질을 왜곡하거나 후퇴시키는 결과를 초래하였다고 주장한다. 즉, 지역개발과 발전이 목표는 주민 삶의 질을 개선함에 있음에 불구하고 여천출장소가 여천시로 바뀐 지 10여 년이 훨씬 지난 후에도 남은 것은 공해와 빈약한 교육·복지서비스, 여수와 순천을 넘나들게 하는 불편한 도시기능밖에 없다는 것이다. 또한 여천군도 여천시와 여수시를 둘러싸고 있으면서도 도시의 경제적 기회와 서비스를 이용할 수 있는 기회를 확대하거나 도시가 갖는 잇점을 공유하지 못한 채 육지면과 도시면으로 분리된 불편한 상태를 지속시켜 오고 있다. 도서면은 기름유출사건이 거듭 발생함에도 주민보상이 제대로 이루어지지 않고 있어 어민들의 생존권이 위협받고 수산업이 퇴조하고 있으며, 육지면은 율촌산단의 개발이익조차 순천으로 빼앗기는 등 개발의 주체가 되지 못하고 있는 실정이다.

따라서 여천시·군이 UR에 따른 개방 등 국제화의 시류에 부응하여 경쟁력 있는 지역으로 발전하기 위해서는, 1) 여천시는 산업단지 배후도시의 기능에서 벗어나 진정한 주민복지를 실현하는 공간으로 탈바꿈해야 되고, 2) 여천군은 환경, 여가, 농·어업 생산 등의 기능을 새로운 발전의 기회로 보아 이를 적극적으로 관리하고 계획적으로 개발할 행정력을 갖춰야 한다.

결국 전국의 중소도시 가운데 협소하고 과밀하면서도 비교적 잘 정비된 도시기반시설을 갖추고 있는 여수시와 대단위 석유화학산업 단지가 위치한 여천시, 그리고 풍부한 관광자원과 넉넉한 개발가능지를 보유하고 있는 여천군이 통합하면 상호 보완적 기능으로 국내의 경쟁력을 갖춘 남해안 중심 광역도시로 육성이 가능하게 된다.

둘째, 다가오는 21세기 광양만권의 주역이 되어야 한다는 주장이다. 지금 세계는 정보통신의 급격한 발달속도 속에 하나의 지구촌을 형성하고 있으며, 국가간의 장벽은 빠른 속도로 무너지고 있다. 이러한 가운데 지방자치단체는 세계를 상대로 무한경쟁을 하는 그야 말고 "세계지방화(Glocalization)시대 "에 살고 있다. 더구나 여수시를 포함한 광양만권은 21세기 동북아산업의 중심지로 지금 전국 어느 지역보다 빠르게 변화하고 있다. 이중 순천은 통합의 선발주자로서의 잇점을 충실히 살려 쾌적한 주거환경과 질 높은 교육시설을 무기로 광양만권 개발의 내륙거점도시로 성장하고 있으며 광양도 통합의 힘과 중앙정부의 지원으로 제철, 연관공업, 국제교역항, 종합화물 유통기지로 발전하고 있다는 것이다. 특히 제3차 국토개발계획(1992-2001)은 광양만권의 각 도시별 기능적 특화방향을 순천은 주거 및 배후지원 고급서비스의 중심으로, 광양은 제조업과 무역 및 공업관련 서비스 기능의 거점으로 개발하며, 여천은 국가산단 및 율촌산단 배후의 쾌적한 주거기능 강화하며, 여수는 해양관광 및 수산의 거점으로 제시되었다.

따라서 여수반도가 광양만권의 주역으로 그 개발이익을 흡수하기 위해서는 첫째, 중화학·제철 중심의 대규모공장이 핵을 이루고 있는 여수반도의 산업구조를 친환경적인 정보통신·금융·엔지니어링 서비스기능을 확충하여야 하며 이를 위해 율촌 제2.3단지와 여천확장단지를 제조업 중심에서 지역정보센터, 컨벤션센터 등 서비스 기능을 갖춘 복합산업단지로 개발하여야 한다. 둘째, 광양만권의 본격 개발로 대규모 유입이 예상되는 국내인력을 해양위락시설과 휴양공간으로 흡인해야 한다. 이를 위해 여천군 화양~여천시~여수신월동~경도~여천군 무슬목~향일암으로 이어지는 국제적 해양위

락벨트 조성이 필요하다.

결국 이와 같은 산업구조 조정과 관광개발을 통해 광양만권의 개발이익을 흡수하기 위해서는 3여가 공동으로 기획하고 추진하는 것이 필수적이며, 3여 통합이 반드시 필요하다는 주장이다.

통합에 따른 문제점 지적에 대해서도 다음과 같이 반박하고 있다.

첫째, 3여 통합은 지금보다 더 많은 자치능력, 더 높은 지역발전 역량을 줄 수 있으며 또한 여천시·군의 개발여건과 성장 잠재력이 무한한가하는 의문에 대해서 여천시·군은 개발과 후퇴의 양측면을 동시에 가지고 있기 때문에 여천산업단지는 노후화된 시설과 사양산업이라는 측면에서 국제적인 석유화학의 경기에 따라 부침이 크다는 것이다. 그리고 율촌산업단지도 신생산업단지이기 때문에 배후서비스 기능과 간접시설이 제대로 갖추어지지 않는 한 개발이익의 지역환원이 어려워질 수 있다는 것이다. 따라서 여천시와 군의 개별적인 역량만으로는 광양만권 일대의 여건변화나 산업경기 등에 적절히 대처하기 힘들며 성장 잠재력을 발전의 계기로 삼기도 역부족이라는 것이다. 여수시가 포함된 3여 통합에 대해 부정적이었던 일각에서는 2여통합을 거론하였지만 결과적으로 3여통합이 지역의 대세를 이룬 가장 큰 이유는 '규모의 경제'였다. 3여가 합쳐지면 인구 30만이 넘는 대규모 자치단체에다 3,000억원의 예산규모, 또한 제조업중심의 산업단지가 포진해 있어 경제력 집중과 투자의 재원을 마련하기가 용이하다는 것이다.

둘째, 3여는 동일생활권이며 그 정도는 앞으로 더욱 강화될 것이라는 주장이다. 생활권이나 경제권은 반드시 행정구역을 기준으로 형성되지만은 않는다. 도시산업화 및 교통시설의 발달에 따라 국내외적으로 인접지간 경제협력의 틀 속에서 광역화되는 추세에 있다. 중앙정부의 개발권역도 광양만권으로 분류하고, 이어서 순천권, 광양권, 여수·여천권(여수반도)으로 3분하고 있으며, 금융. 정보시설 등 국가주도의 대규모 중추시설도 여수반도권을 기준으로 입지해 있거나 입지할 예정이기 때문에 여수·여천권의 동일 생활권 정도는 향후 더욱 심화될 것으로 전망된다. 따라서 자녀, 후손들에게 현재와 같이 행정구역별로 구분되어 겪는 불편함을 해소시켜 주고 동시에 보다 넓은 동일생활권에서 자기 능력을 마음껏 발휘할 수 있는 경쟁력 있는 지역으로 물려 줘야 한다는 주장이다.

기존의 통합시 중 일부지역에서 통합의 효과를 극대화하지 못한 이유에 대해서도 다음과 같이 반론을 제기한다. 첫째, 효과적인 규모의 경제를 펼치지 못했기 때문으로 2~300억원의 물류센터나 농수산물유통센터를 건립하고자 하더라도 투자할 재원을 확보하지 못했기 때문이라는 것이다. 규모가 작아 통합의 시너지 효과를 충실히 보지 못했던 것이다. 3여가 통합되면 산업·정보서비스·관광개발의 핵심분야에 투자를 우선 집중하여 지역개발을 이룩할 수 있을 것이라는 것이다. 둘째, 기존 도농통합시들이 통합의 성과와 한계에 대해서 논란의 소지를 안고 있다는 것이다. 통합충주시와 마산, 진주처럼 성공적인 통합지역이 있는 반면, 원주, 사천과 같이 통합의 후유증을 앓고 있는 곳도 있다. 그러나 명백한 것은 통합 후 도농간의 화합과 단결로 지역발전의 새로운 모델을 창출한 곳은 민선시장의 추진력과 결합하여 효과가 배가되는 반면, 사천과 같이 시이름되찾기 식의 반목만 되풀이 하는 곳은 오히려 퇴보하는 모습을 보일 수도 있다. 특히 원주시 같이 원래 규모가 작은 도농이 합한 곳은 원초적으로 투자재원이 희박하여 발전의 계기보다는 정부교부금이나 지원금마저 줄어들었다고 한탄하는 반면, 인구 50만의 중부 내륙도시의 거점도시로 성장하고 있는 충주시나 황해권 교육의 전진기로 거점을 확보하고 있는 평택시나 1997. 7월 광역시로 출범한 울산시 등은 효과적인 규모, 경제, 정부지원금의 확보로 지역개발에 박차를 가하고 있다. 셋째, 행정구역 통합을 추진한 정부의 약속이행 문제이다. '94년 통합을 추진했던 행정자치부는 통합시의 안정적인 정착과 발전을 위해 특별법을 제정하였으나 그 후속조치로 시행령을 제정하지 않아 통합시의회나 일부군지역 주민들에게 비판을 받고 있다. 그러나 이와 같은 문제는 문민정부의 무책임한 행정에서 기인하는 것이지 "도·농 균형발전"이라는 도농복합형태의 문제라고 보기는 힘들다는 것이다. 순천시와 광양시는 군 지역 주민들이 상대적으로 피해를 보고 있다고 한다. 즉 통합순천시와 광양시에서는 시 외곽 지역주민이 소외되고 통합조건이 이행이 안되며 민원서비스, 택시요금 관련 시민불편이 증대되고 있다는 것이다. 그리고 순천시는 기존 군 지역인 읍·면 지역의 투자를 기존 동 지역보다 강화하고 있다(아래 표 3-3). 또한 통합청사를 추진함으로써 불편한 민원서비스를 해소하고자 노력하고 있다.

〈표 3-3〉 順天市 統合 後 農村地域 投資現況

연도별	구 분	사업예산
		계
'94	순 천	28,885
	승 주	25,983
'95	읍 면	22,548
	동	29,663
'96	읍 면	28,625
	동	24,286

주) 순천시는 1995년 1월 1일 시군통합이 이루어졌으며 통합전에는 순천시와 승주군으로 사업예산이 구분되었으나 통합 후에는 시지역인 동과 군지역인 읍, 면으로 구분하였다.
자료: 순천시 통계연보, 1995-1997.

그리고, 지난 '94년도에는 1,749억원(순천시 1,100억원, 승주군 649억원)이던 예산규모가 통합된 이후('97년)두배 가까운 2,963억원으로 늘어나 확대된 예산으로 농촌지역의 상하수도 개설에 투자하고 있다고 한다. 넷째, 3여 통합으로 중복 투자된 공공시설의 효율성을 기하고 예산절감을 할 수 있는가에 대해서 3여 통합은 광역행정 수행 상 애로점을 경감시킬 수 있다는 것이다. 3여 지역은 인접지역으로서 도시계획이나 지역계획상 산단조성, 교통망확충, 상하수도 정비, 광역쓰레기장 설치 등 광역차원의 개발요인을 과다하게 지니고 있음에도 행정구역상 분리됨으로써 이러한 광역개발수요에 효율적으로 대응하기 어려운 실정이다. 따라서 3여 통합을 통하여 이들 광역개발 수요에 대응함으로써 현존광역행정 수행상의 애로사항을 해결 할 수 있을 것으로 기대된다. 실제로 여수시~여천시간 도시계획도로 3개노선 8Km를 여수시 측에서 이미 개설 또는 개설 중에 있으나 여천시 측에서는 지연되고 있어 행·재정적 손실은 물론, 주민생활에 불편을 주고 있다.

또한, 3여 통합은 행·재정적 중복투자 방지를 통해 지방재정력을 향상시킬 수 있다는 것이다. 여수·여천시를 합해도 인구 26만에 불과한 중소도시이자 거리 상으로도 10여분 거리에 있는데 각각 공설운동장, 실내체육관, 문예회관 등을 경쟁적으로 건설코자 투자한 것은 엄청난 재원을 낭비한다는 것이다. 특히, 여천시청 옆 문화예술회관은 3백억원 예산으로 시작하여 90억원의 공사비만 날리고 중단사태에 있다. 여수시의 진남체육공원도 연간 6억원이 넘는 적자를 고사하며 노는 날이 많은데 여천시의 공설운동장 시설투자비만 무려 2백원이 넘는 실태이다. 그리고 3여 통합을 통해 이상적인 도시건설이 가능하다는 것이다. 여수시의 상업, 수산, 관광, 금융 등의 기능과 여천시의 공업, 그리고 여천군의 관광자원, 주거기반, 수산자원 등을 통합하면 공업, 주거, 휴식, 관광 등이 어우러져 삶의 질이 보장된 이상적인 도시로 성장. 발전할 수 있는 무한한 잠재력을 갖추고 있다는 것이다.

(2) 통합 반대의견

통합을 반대하는 입장에서의 주장은 우선, 여천시·여천군은 지방자치단체의 자립여건과 능력을 충분히 갖추었으며, 시·군 또한 주민자치시대를 맞아 지역발전을 자주적으로 주도 할 수 있다는 의지가 충만하다고 한다. 이러한 여천시·군민의 의지와 열망을 무시한 지역간의 갈등과 대립을 부추기며 여천시·군민이 오랫동안 참고 견디면서 이룩한 번영의 토대를 가로채려는 3여 통합 음모가 자행되고 있다는 주장이다. 따라서 3여 통합을 저지하여 여천인의 자존심을 지키고 여천지역의 발전은 여천인의 힘으로 주도해야 된다는 점을 강조하면서 법과 현실을 무시한 통합논리의 허구성을 반박하며 3여 통합 반대운동을 전개하였다. 통합 반대측의 의견은 다음과 같다.

첫째, 통합의 당위성이라고 주장하는 내용은 현실을 모르는 억지일 뿐이라는 것이다. 역사적으로 한 뿌리라고 하지만 지금부터 100년 전으로 돌산과 섬지역은 나주부 돌산군이었고 여수반도는 순천군 여수면이었다. 그리고 50여년 전에 여수시와 여천군으로 분리되었다. 역사의 한 뿌리는 여천시·군에 해당되는 말이고 여수시까지 포함해서 역사를 주장하려면 같은 전라남도일 뿐이라는 것이다.

둘째, 3여는 이미 동일생활권이 아니라는 것이다. 3여가 생활권이 동일한 지역이라고 주장하지만 생활권은 여천시와 여수시가 이미 독립되어 있고 여천군도 중점 생활권이 형성되어가고 있다는 것이다. 율촌산단과 광양만권 개발이익은 굳이 3여가 통합이 되어야만 흡수되는 것은 아니라는 주장이다. 율촌산업단지 개발이익이 벌써부터 인근도시로 빼앗기고 있다고 주장하지만 율촌산업단지 개발이익은 여천군에서 당연히 받게되어 있고 배후도시 건설계획 등 개발이익 역외유출을 막기 위해 세밀히 준비하고 있다. 그리고 광양만권 개발에 다른 이익의 흡수는 통합하고는 무관하다는 것이다. 어느 지역에 해당되는가와 적절한 연계사업의 추진이 관건이지 도시가 크고 적은 문제와는 별개라는 것이다. 3여 통합이 안되면 행정효율성이 저하되고 예산이 낭비되며 인근시에 비해 계속 낙후를 면치 못 할 것이라고 하지만 여천시·군은 경쟁력이나 개발잠재 능력면에서 어느 곳에도 뒤지지 않을 여건을 갖추고 있다는 주장이다. 행정의 효율성 제고와 예산 운영은 단체장이나 의회 의원의 의지여하에 달린 문제이지 3여 통합의 이유가 될 수 없다는 것이다.

셋째, 3여 통합을 반대하는 이유로는 여천시·군은 개발여건과 성장 잠재력이 무한하여 여수시가 포함된 3여 통합은 오히려 짐이 될 뿐이지 지역발전에 이익 될 것이 없다는 것이다. 여천시·군은 부채도 거의 없고 안정적지방세수도 확보되어 있으며 광양만권 개발이익 흡수와 율촌산업단지 개발에 따른 이익 환수가 보장되어있는 지역으로 부채가 많은 여수시와는 3여통합보다는 현 상태로 자주적인 발전을 추진하는 것이 인근도시와 균형발전을 이루기 쉽다.

그리고 여천지역에서 발생된 지방세수가 여천지역에 전량 투자되지 못해지금보다 더 어렵게 된다. 여천시는 물론 여천군도 머지않아 지방세가 전국에서 몇째 안가는 큰 수입을 바라보고 있다. 그러나 통합이 되면 여천지역에서 발생한 지방세지만 인구수나 의원 수, 단체장 선출지역 등에 밀려 소외될 것이라는 것이다. 기존의 대다수 통합시들이 당초 예상했던 도·농간균형개발, 예산절감, 자치능력 향상 등 모든 분야가 오히려 저하되었으며, 통합이전 보다 서로의 갈등만 높아져 지역현안을 추진하지 못하고 있다는주장이다.

실제로 사천시 등 일부 통합시에서는 원상회복을 추진하지 못하고 있다는 연구 결과가 있으며, '97.5.16 전국의 통합시 도의원 213명은 정부의 특별한 지원과 배려가 없을 경우 종래의 군단위 회복운동을 전개하겠다는 내용의 건의문을 결의하기도 하였다. 행정구역 통합을 추진한 정부의 약속도 이행되지 않고 있으며 통합과 관련한 아무런 법적 보장이 없다는 주장이다. 통합으로 인하여 특정지역의 불이익 배제, 재정상의 특별한 지원, 공무원의 공정한 처우보장, 지방교부세 특혜인정 등이 포함된 통합관련 법률에 대한 시행령을 마련하지 못해 당초 약속했던 법적인 보장이 아무 것도 시행되지 않고 있는 실정이다. 주민생활의 불편함이 있다면 개선할 일이지 통합으로 해결될 문제가 아니기 때문이다. 통합이 되면 먼저 교통요금이 현행보다 싸진다고 하지만 그렇지만도 않다. 버스요금의 경우 군지역과 시지역의 편차를 없애기 위해 기본요금자체가 현행보다 늘어나게 된다. 군지역은 다소 줄어들겠지만 시내권, 그리고 동일지역에서 이용할 때는 지금보다 비싸지기 때문에 전체적으로 주민 부담이 커질 수밖에 없다. 지금은 교통의 편리성이 문제지 요금이 큰 문제는 아니며, 여천지역내에 버스회사나 종합병원 등을 유치하여 극복할 수 있다는 것이다. 이것이 3여 통합의 명분이 될 수는 없다고 주장한다.

넷째, 3여 통합은 지역의 균형발전에 결코 도움이 되지 않는다는 것이다. 통합이 되면 모든 행정이 기존 여수시를 중심으로 펼칠 수밖에 없다. 시장, 시의원의 다수가 여수시에서 차지하며 주민투표로 당선되는 시장이나 시의원은 인구밀접지역에 보다 관심을 기울일 수밖에 없기 때문이다. 상대적으로 인구도 적고 시의원 배출이 변두리나 도시지역은 더욱 소외될 수밖에 없다. 여천시·군민은 자치할 능력과 역량이 충분하며 여천지역의 발전은 여천주민이 주도해야 한다고 믿고 있다. 그리고 지역의 모든 여건이 기초자치단체의 자립여건을 충분히 갖추고 있으며, 주민 또한 지역발전을 자주적으로 주도할 수 있다는 의지가 충만하다는 것이다. 3여 통합은 주민복지 수준을 저하시키고 주민의 참여기회를 제한하여 참다운 주민자치시대를 부정하는 행정체제가 될 수밖에 없다는 주장이다. 지방정부가 광역화되면 주민의 참여도가 희박하게 되어 주민복지정책이 소홀히 될 수밖에 없으며 과다한 통합비용과 문화예술단체의 축소로 지역문화 발전은 더욱 퇴보하게 된다는 것이다. 따라서 3여 통합을 반대하는 이유를 다음과 같이 들고 있다[39].

첫째, 전라남도에서 다시는 어떤 형태의 통합도 추진하지 않겠다고 약속한 사항이다. '95.3.15일자로 발표된 3단계 시·군 통합 추진에 따른 전라남도의 입장 발표문에서'95.3.21일 실시되는 3여 통합 주민투표는 최종안이며 어떤 결과가 나와도 여수반도의 통합논의는 일단락 될 것임을 약속하였다는 것이다. 그 이유는 '94년도에 분할 통합안과 3여 통합안을 두 번 물어 두 번 모두 실패한 경험이 있으므로 또다시 그런 전철을 밟을 수 없다는 것이고 행정의 공신력 차원에서도 또다시 다른 안을 주민들에게 물을 수 없기 때문이라고 했다. 이것은 전라남도의 약속으로 문서로 명시된 내용이며 또다시 3여통합을 추진한다는 것은 법적으로나 행정도의상 있을 수 없는 부당한 일임을 증명하고 있다고 주장한다. 이것은 정부에서 추진하고 있는 지방정책과 정면으로 배치되는 일이며, 의원정족수나 행정동수 조정이 아무 의미가 없어 여천시·군은 여수시에 예속될 수밖에 없게 된다는 것이다.

둘째, 3단계 지방행정 계층구조를 재검토하고 읍·면·동의 기능을 전환한다고 하였다. 이는 공무원의 적체현상을 예견하는 것으로 현상태에서도 문제인데 3여 통합상태가 되면 1천여명의 공무원의 대기하게 되는 대혼란을 초래할 수 있다. 기초의원의 경우 여천시·군 지역은 의원수에서 속수무책일 수밖에 없다. 통합이 되면 여천시 외곽지역이나 여천군 도서나 외곽지역에서는 시의원을 한 명도 배출 못할 수도 있다는 것이다.

이상과 같이 통합 반대측 주장은 3여가 서로 공존공영의 입장에서 협력하고 보완하면서 지역발전을 추구하자는 것이다. 불과 2년전에 공식적으로 주민의견을 확인한 사안이며 타당성도 없고 실현가능성도 없는 3여 통합문제를 가지고 논란을 계속하여 주민과 지역간 갈등을 확대시키는 것은 여수

---

39) 1997년 여수시 통합추진과 관련한 시정자료 중 통합반대측 논리

반도를 결코 바람직한 일이 아니라며 3여가 서로 협력하고 보완하면서 지역발전과 공동의 이익을 추구해 나가야 한다는 주장이다.

나. 여수시 議會가 分析한 旣存統合市의 長·短點

(1) 장 점

첫째 도·농 통합으로 인하여 인구·면적이 증가하여 지역발전 가능성과 발전 잠재력이 높아졌으며 도·농 균형발전을 계속 모색하고 있다. 창원시의 경우 농촌지역에 5개년 계획으로 상수관 설치와 도개개설사업에 3천억원을 투자할 계획을 가지고 있다. 신도시 건설을 위해 택지로 개발 할 수 있는 가용면적이 늘어난다. 또한 발전할 수 있는 지리적 여건이 좋아진다는 것이다.

둘째 예산규모 확대로 투자우선순위사업을 극대화 할 수 있다.

셋째 중복투자로 인한 예산낭비 최소화하여 사회단체보조금, 체육시설 운영 등이 가능하다.

넷째 지역경제 활성화가 기대되며 다섯째 학군 통합으로 도·농간 교육수준 격차 해소가 기대된다. 광양시의 경우 제철연관공업의 발전 극대화로 공업관련 서비스 기능의 거점도시화 국제교역항, 무역도시로 발전하고 있어서 도·농 통합이 많은 장점을 안고 있다는 것이다.

(2) 단 점

첫째 인구밀집지역에 대한 행정지원이 집중됨에 따라 군지역 특히 농촌지역주민들의 소외 및 불만이 증폭되고 있다. 민선자치단체장의 정치적 행보나 지원의 가시적 효과 미흡, 교통·문화·경제·행정력 등의 시내집중이 나타나고 있다.

둘째 통합시 특히 사천시, 평택시, 광양시에서는 청사이전을 포함한 통합 조건 등 행정협약이 제시되었으나 이행이 되지 않고 있다.

셋째 공무원간의 갈등이 심화되고 있다. 장기적 인사침체로 조직의 노후화, 무보직 공무원 발생등으로 무사안일한 근무, 승진기획 축소로 인한 사기저하가 나타나고 있다.

넷째 지역간(도·농간)이기주의가 팽배하여 서로 자지지역에 공공시설 등 사업을 유지하려 하고 있어 사업 차질이 예상된다.

다섯째 사천시, 평택시 등에서는 신청사 위치선정문제로 갈등 심화되고 있다. 현재 사천시, 평택시, 순천시 등에서는 2개 또는 3개 청사를 사용하고 있어 시민들의 불편을 초래하고 있다. 사천시, 평택시에서는 의회와 시청이 각각 다른 청사를 이용하고 원거리에 위치하여 행정불편을 초래하고 있다.

여섯째 사천시의 경우 통합 후 제반 문제점 발생과 상호갈등 표출로 통합분리서명운동이 추진되고 있다. 사천시의 경우 사천시 발전협의회를 구성하여 기능대학, 문예회관, 실내수영장의 삼천포 설립에 반발하고 있으며, 삼천포의 경우 시명되찾기협의회를 구성하여 시명되찾기 서명운동을 전개하고 있다.

일곱째 광양시의 경우 도농 재분리 의견이 상존하고 있다. 또한 재정자립도가 낮은 군지역을 흡수 통합함에 다라 재정자립도 낮아졌다는 것이다. 2개 또는 3개 기관에 지원되던 교부세와 양여금 등이 1개 기관에서만 지원되므로 지원액이 감소되었으며 행정구역이 넓어짐에 따라 행정서비스의 질이 저하되었다는 것이다.

3. 여수시 統合의 實態

가. 3여 統合의 意義

도·농 통합에 대한 논의가 시작된 이래 그 동안 3차례에 걸쳐 주민의견
조사의 결과 통합이 무산된 3여 통합의 실현은 다가오는 21세기를 맞아 지
역발전을 여망하는 33만 시·군민의 선택으로써 무엇보다도 기존의 도농통
합이 정부주도하의 통합이었다면, 3여 시·군의 통합은 아래로부터의 통합
으로써 지역이기주의와 일부계층의 강력한 반발에도 3여 시장·군수, 의회
와 언론 그리고 시민·사회단체의 일관된 공동 노력과 주민의 자발적인 참
여로 통합을 이루었다는 점에서 의미를 찾을 수 있다. 그리고 통합논의 과
정에서의 일부 시민들의 갈등과 반목을 대의에 입각한 3여 시·군의 성숙
된 시민정신으로 극복하고 과거의 같은 뿌리였던 3여가 하나되어 지역발전
의 전기를 마련하고 전남의 제1도시로서 21세기 신해양중심도시로 발전할
수 있는 기틀을 마련하였다.

나. 統合의 必要性

1994년과 1995년에 걸친 3차례 주민의견조사에서 통합이 이루지지 못하
자 여천시·군 지역부터 먼저 통합한 후 여수와의 결합을 모색하자는 절충
안도 제기되었지만 이 또한 결국 무산되고 말았다. 그러나 3여가 반드시
통합하여야 된다는 필요성이 여러 번 논의되면서 통합의 무드가 조성되어
지역주민 스스로의 제안과 합의에 의하여 결국 통합을 이루게 되었다. 따라
서 3여 통합을 이룸으로써 여수시가 그 동안 안고 있었던 문제점들이 해소
될 것으로 전망된다.

첫째, 지역이기주의의 해소이다. 역사적으로 한 뿌리이고 생활권이 같은
지역의 행정구역을 인위적으로 나누어 놓음으로서 3여의 이해관계가 상충
하고 지역이기주의에 의한 갈등이 상존하였으나 지역문제가 발생하였을 경
우에 원만히 해결할 필요가 있었다. 또한 여천시·군 출신주민이 여수시에
30%이상 거주하고 있다.

둘째, 자치구역 통합을 통해 경쟁력의 확보와 이상적인 도시건설을 위해서다. 여수시가 가지고 있는 상업, 수산, 관광, 금융, 교육 등 기능과 여천시의 공업, 그리고 여천군의 관광자원, 주거기반, 수산자원 등을 합하면 공업, 주거, 휴식, 관광 등이 어우러진 이상적인 도시로 성장 발전할 수 있는 무한한 잠재력을 갖추게 된다. 즉 전국의 중소도시 중 매우 협소하고 과밀하나 비교적 잘 정비된 도시 기반시설을 갖추고 있는 여수시와 대단위 석유화학공업단지가 위치한 여천시, 그리고 풍부한 관광자원과 비교적 넉넉한 개발가능지를 보유하고 있는 여천군이 통합하면 상호보완적 기능으로 국내외 경쟁력 있는 규모의 도시로 육성할 수 있다는 것이다.

셋째, 광역행정 수행 상 애로점의 해소이다. 지역간 이기주의에 의한 도시계획, 상하수도, 쓰레기처리 등 투자 우선 순위가 상이한 사업의 광역행정 수행 상 애로사항을 해결할 수 있으며, 광역도로교통망의 효율적 확충으로 지역개발 및 균형발전을 도모하고, 도시 교통문제의 일원화로 시민불편을 해소할 수 있다는 것이다.

넷째, 행정·재정상의 중복투자를 방지할 수 있다. 여수시·여천시를 합해도 인구 27만명에 불과한 중소도시이자 거리상으로도 10여분거리에 있는 여수·여천시가 각각 공설운동장, 실내체육관, 문예회관 등을 경쟁적으로 건설코자 투자하는 것은 국가와 지방자치단체의 엄청난 재원을 중복투자하게 된다는 것이다.

다섯째, 광양만권 개발에 따른 개발이익의 흡수를 위해서 필요하다. 현재 건설중인 율촌공단의 조성으로 발생할 개발이익이 인근 통합순천·광양시로 유출될 가능성에 대해 여수반도 주민들은 크게 우려하고 있다.

여섯째, 행정조직의 생산성제고로 지방화시대의 국내외적 경쟁력을 강화시킬 수 있다. 기구·조직개편을 통한 인력과 합리적 배치로 행정의 효율성 증대와 공무원의 감축으로 인한 생산성의 향상을 기할 수 있게 되었다.

다. 統合 論議

(1) 추진경위

여수반도 최대의 현안과제인 3여 시·군 통합은 지난 '94년과 '95년 3차례에 실시한 정부주도의 행정구역 통합이 무산되어 지역주민들간에 아쉬움이 많았음에도 지방자치시대 개막 등 정치적인 여건변화에 따라 통합논의를 자제하여 왔으나 96년 이후 세계는 WTO체제의 정착과 함께 국가간의 경계가 무너지는 무한경쟁시대에 접어들어 지역간에도 경쟁이 치열해지고 있으며, 최근에 이르러 율촌산단 조성 등 광역광양만권 개발이 본격화되면서 순천, 광양 등 인근의 지역은 통합을 통하여 새로운 도약의 전기를 맞이하고 있으나 여수반도는 이러한 개발이익을 흡수하지 못하고 대응태세도 미흡하여 지역의 경쟁력을 확보하기 위한 3여 시·군 통합논의가 시민단체, 지역언론 등을 중심으로 활발하게 대두되어 지역 주민들의 통합의지가 성숙됨에 따라 1997년 6월 30일 3여 시장·군수가 3여 행정구역 통합에 관한 주민의견조사를 실시하기로 전격적으로 합의하여 본격적인 통합추진이 재개되어 1997년 9월 9일 역사적인 3여 통합 주민의견조사를 실시하였다.

이러한 통합에 대한 논의는 처음에는 여천시와 여천군의 도·농 통합이 추진되어 오다 1994년이래 여수와 여천의 통합논의로 확대되면서 많은 진통이 따랐다[40].

---

40) 여수시는 역사와 문화적 동질성을 이유로 통합을 주장하였으며, 또한 여수시가 대도시의 기능을 발휘하기 위해서는 인구 30만이 넘어야 한다고 하여 여천과의 통합을 이루어야 한다고 주장하였다. 반대로 여천은 1949년 여수시가 시승격을 이룬 이후 여천공단의 반사이익을 여수시가 독차지했다는 여수시에 대한 상대적인 피해의식이 짙게 깔려 있어 여수시와의 통합을 절대 반대하는 입장이었다. 따라서 여천시와 여천군의 통합을 이룬 후에 여수시와의 통합을 추진하려는 움직임도 있었다. 1994년 시·군통합에 대한 1차주민의견조사는 여천군지역을 분할하여 각각 여수시와 여천시로의 통합에 대한 의견조사였다. 그 결과 여천군 육지부는 여수시와의 통합에 찬성(찬성율: 95.7%)하였으나 여천군 도서부는

그후 많은 논의를 거쳐 1998년 4월 1일 통합여수시가 복합적 산업도시·남해안의 해안 전진기지로서의 수산도시·한려수도 벨트화로 인한 관광도시로써 경제적 인프라(INFRA)를 구축하는 전남 제1의 도시, 전국 제17위의 도시로서 태어나게 되었다. 이는 광양만권 발달의 배후도시로 순천권·진주권 등과 연계하여 영호남간의 협력을 이루고 IMF에 대처하는 효율성 있는 조직의 정비를 이룬다는 목표를 가지고 통합에 이르게 된 것이다.

이로 인하여 여수반도 전체의 도시행정을 종합적으로 구축할 수 있을 뿐만 아니라 년간 예산도 약 300억 규모의 절약 효과를 이룩할 수 있을 것으로 전망되고 있다. 통합여수시는 향후 수산도시, 관광도시, 산업도시로 발돋움하여 2010년 해양 엑스포 유치를 목표로 약 10조원의 SOC투자 계획을 갖고 있다.

(2) 추진방향

먼저 여수시, 여천시, 여천군은 1997년 제15대 대통령선거와 1998년 실시될 4대 지방선거 일정을 감안하여 3여 행정구역 통합에 따른 제반절차를 3여 통합시장 선거일정에 맞추어 1997년 9월 이내에 이행하기로 결정하였다. 이는 과거 3차례에 걸친 행정구역 통합실패 사례를 교훈으로 삼아 통합에 따른 충분한 대주민 사전홍보와 주민 공청회 등을 통한 의견수렴 절차를

여수시와의 통합을 반대(찬성율: 11.4%)하였다. 다시 실시한 여수시·여천시·여천군 3개 시·군의 통합에 대한 주민의견조사결과 여수시는 97.6%찬성율을 보였으나 여천시, 여천군은 각각 31.6%, 34%의 찬성율을 보여 여천시 주민과 여천군 주민의 반대로통합이 무산되기에 이르렀다. 그리하여 잠시 물밑으로 가라앉았던 통합논의가 다시 1996년 말에 3여 통합을 위한 지방자치평의회가 발족되어 활발히 진행되어 오다 1997년 9월 9일 만 20세 이상의 주민을 대상으로 찬반투표를 실시하여, 드디어 통합에 합의하여 1997년 12월 30일에 통합여수시 설치준비단이 발족하기에 이르렀다. 지금까지 이루어진 행정구역통합은 주로 정부주도로 이루어졌으나 이 지역의 특징은 순수한 지역주민발의에 의하여 이루어졌다는데 있다.

거쳐 관주도가 아닌 시민·사회단체 등을 중심으로 한 민주도의 자율적인 통합분위기를 조성해 나가는 한편 통합에 따른 부작용 등 도·농간 이해상충 부문에 대한 우려를 사전에 불식시키기 위해 지역간 균형발전과 행·재정적 자원의 균등배분을 위한 법적·제도적 뒷받침을 강구하기로 하였던 것이다.

또한 통합여부에 대한 주민의견조사는 공정하고 투명하게 추진하여 주민의 의사가 최대한 존중될 수 있도록 최선을 다하며 통합의 과정에서 발생하는 지역 주민들간의 갈등과 반목 등의 부작용을 최소화하고, 조기에 안정된 분위기를 회복할 수 있도록 모든 행정력을 집중해 나가도록 하였다.

(3) 주민의견조사

3여 지역에서는 지난 1994년 정부의 도·농 통합시 설치 방침에 따라 1994년 4월 25일 제1차 주민의견조사를 실시한 바가 있다.

그 당시의 여천군을 여수시와 분할 통합하는 안에 대해서는 주민의견조사 결과 여수시민의 절대적인 반대로 무산되었으며, 2차, 3차에 걸친 주민의견조사는 3여가 하나로 통합하는 안에 대한 것이었으나 1994년 5월 10일 실시한 제2차 주민의견조사 결과는 여천시와 여천군의 반대로 무산되었으며, 1995년 3월 21일 실시한 제3차 주민의견조사 결과는 여천시가 반대하므로써 무산되기에 이르렀다.

<표 3-4> 3여 住民意見 調査(1차~3차)

구 분	내 용
제1차 주민 의견 조사	◦ 도농통합시 설치를 위한 지방자치법 개정공포('94. 3. 16) ◦ 내무부 시군 통합지역 확정발표('94. 3. 22) 1.여수시+여천군 중 돌산읍, 남면, 화정면, 삼산면 2.여천시+여천군 중 율촌면, 소라면, 화양면 ◦ 시·군별 공청회 실시('94. 4. 11) ◦ 제1차 주민의견조사('94. 4. 25) 반상회시 의견조사를 하였으나 여수시민의 반대로 무산됨 (찬성: 여수시 7.3%, 여천시 88.1%, 여천군 63.2%)
제2차 주민 의견 조사	◦ 전라남도지사 제2차 주민의견 조사실시 결정('94. 5.) '94. 4. 8 여수시의 건의를 받아들여 여수시+여천시+여천군 3여 통합에 대한 주민의견조사실시 결정 ◦ 제2차 주민의견 조사실시('94. 5. 10) 교부는 등기로 하고 회수는 일반우편으로 하는 우편조사 방식으로 실시함. '94. 5. 5 주민의견조사표 송달, '94. 5. 10 18:00 도착 분까지 주민의견 조사표를 회수하였으나 여천시·군 반대로 무산됨 (찬성 : 여수시 97.6%, 여천시 31.6%, 여천군 34%)
제3차 주민 의견 조사	◦ '95. 3. 21 제3차 주민의견 조사 여수시+여천시+여천군 3여통합에 대한 주민 의견조사 (세대별 투표 실시) : 여천시의 반대로 결국 무산됨 (찬성 : 여수시 97.3%, 여천시 43.5%, 여천군 62.2%)

자료: 여수시정자료를 근거로 재구성, 1998, 여수시

　그러나 그 후 잠잠하던 통합논의가 1997년 6월 30일 3여 시장·군수의 합의를 거쳐 1997년 9월 9일 주민의견조사가 실시되어 의견표기자 수는 전체 조사대상인수 221,484명 중 100,397명인 45.3%가 의견조사에 참여하여 찬성이 86,676명으로 86.3%의 압도적인 찬성율이 나타났으며, 시·군별로는 여수시가 전체대상자의 51.5%인 64,291명이 기표에 참여하여 60,123명인

93.5%가 찬성하였고, 여천시는 전체 대상자의 29.3%인 14,709명이 참여하여 12,006명인 81.6%가 찬성하였으며, 여천군은 전체의 45.9%인 21,397명이 참여하여 14,547명인 68.0%가 찬성함으로써 지방자치시대를 맞아 여수반도 분리 50여년만에 주민 스스로의 발의에 의해 3여 행정구역통합을 실현하여 지방자치역사의 한 사례가 되었다.

<표 3-5> 3여 市·郡別 住民意見調査 結果表

(1997년 9월 9일 실시)

시·군별	인구수	조사인구	의견표기자수	유효표기수		무효 표기수
				찬 성	반 대	
계	330,304	221,484	100,397(45.3)	86,676(86.3)	11,328	2,393
여수시	188,189	124,738	64,291(51.5)	60,123(93.5)	2,778	1,390
여천시	80,870	50,146	14,709(29.3)	12,006(81.6)	2,376	327
여천군	61,245	46,600	21,397(45.9)	14,547(68.0)	6,174	676

자료: 여수시, 「시정백서」, 1998.

第2節 여수시 統合의 目標

지방자치구역 설정기준에 대한 학자들의 연구결과들을 종합하여 보면, 자치구역의 설정기준에 대해서 대체로 행정능률성, 공동사회, 주민참여, 자주재원능력 등을 매우 중요한 변수로 생각하고 있다[41].

첫째 행정의 능률성이란 행정을 함에 있어서 최소의 비용으로 최대의 효과를 산출함을 의미한다. 즉 구역주민들의 행정수요를 처리함에 있어서 최소의 경비로 최대의 행정효과를 올릴 수 있도록 행정구역을 획정해야 한다는 측면을 반영하는 기준을 말하는데, 이는 적정한 인구규모와 행정량을 가진 지역에서 최소의 비용으로 최대의 행정량을 산출할 수 있을 정도에서 구역이 설정되어야 함을 의미하는 것이다. 또한 행정의 능률성을 제고하기 위하여 자치구역을 개편한다고 할 때, 이와 반드시 결부되어 고려되어져야 하는 부분이 '규모의 경제'라든가 '외부경제효과' 등이 능률성기준과 관련되어 문제시 될 수 있는 것이다.

---

[41]　　　　지방행정구역 설정기준에 대한 연구결과 종합분석표

구　　분	공동사회	행정능률	주민참여	자주재원	행정편의	지리적조건	면적인구	경제적조건 (산업분포)	지역개발	교통통신
Lipman	o					o	o	o		o
Fesler		o	o			o		o		o
Millspaugh	o	o		o	o					
영국구역외	o	o	o	o		o	o	o	o	
캐나다구역외	o	o	o	o					o	
UN report	o	o	o							
Bergman외		o	o	o						
Leemans	o	o	o	o	o					
Smith	o	o	o							
계	7	8	7	5	2	3	2	3	2	2

주) 구역개편은 공동체의 정체성을 보증해 주면서 능률성을 확보할 수 있는 안장점이 '공동체 기준' 혹은 '민주성 기준'과 '능률성 기준' 간의 균형속에서 객관적으로 이루어져야 한다(안용식, 김천영, 1995: 150).

둘째 공동사회란 행정구역의 인위적 성격이 될 수 있으면 구역의 자연발생적인 공동사회적 성격과 일치되어야 한다는 측면을 의미하는 것이다. 현대사회에서의 합리적인 행정구역의 설정은 공동사회성과 생활권 확대에 따른 능률적·인위적 행정구역의 상반되는 요구를 어떻게 조화할 것인가 하는 문제가 핵심적인 과제라고 할 수 있다.

셋째 민주참여 또는 민주통제란 행정기관 혹은 관료들의 각종 정책결정 과정에 주민들이 참여의식을 가지고 관여하며 거기에 어느 정도의 투입작용을 하는 행위를 말하며, 주민통제란 지방행정기관 및 거기에서 근무하는 공무원이 주민에 대한 행정책임을 성실히 이행하도록 보장하기 위한 과정을 의미한다(정세욱, 1995: 254). 지방정부의 정책결정과정에 주민참여가 가능하기 위해서는 지역주민이 지방정부의 관료나 지방의회의원 등의 공직자와 접촉이 가능할 정도로 구역이 설정되어야 한다.

넷째 민주재원능력은 구역의 획정이 자주적인 재원조달을 할 수 있는 단위로 설정되어야 함을 의미한다. 즉 자치단체의 자체수입으로 그 행정수요를 감당할 수 있는 선에서 구역을 정해야 함을 의미하는 것이다. 이와 같은 이유로 스스로의 재원으로 자체의 행정수요를 감당할 수 없는 빈약한 자치구역에 대하여 재원이 풍부한 여타구역과 합병을 하거나 폐지하는 방안을 우선적으로 고려할 수 있을 것이다.

특히 우리나라와 같이 자치단체별로 재정적 불균형이 심한 상황에서는 구역개편에 있어서 이러한 기준을 좀더 치밀하게 투영할 필요성이 있다.

이러한 여러 가지 기준들은 행정의 이념적인 측면과 견주어 생각해 볼 때 크게 민주성기반과 능률성기반으로 대별될 수 있다고 생각한다. 행정이 추구하는 가치는 본질적 행정가치로서 정의, 공익, 공평성, 자유와 평등이라 할 수 있으며, 수단적 행정가치로서의 능률성과 효과성, 민주성, 합리성, 합법성 등을 들 수 있다(이종수, 윤영진 외, 1998: 72-108). 수단적 행정가치란 궁극적 목표로서의 본질적 가치를 실현 가능하게 하는 가치들을 의미하며, 사회적 가치의 배분절차나 실제적인 행정과정에서 구체적 지침이 될 수 있는 가치개념들을 포함하는 것이 된다. 따라서 우리가 염두할 수 있는 가치기준 또는 이념적 측면은 바로 이러한 수단적 행정가치와 관계된 것이라 할 수 있다. 그리고 이러한 수단적 가치들 중에서도 가장 핵심적이며 중요하게 생각하여야 할 부분이 민주성과 능률성 가치라고 생각하여야 한다.

이렇게 볼 때 각 학자들이 제시한 구역설정의 기준들 중에서 주로 민주성 기반과 관련되는 것은 공동사회, 주민참여 및 통제, 행정편의성, 지방정부간 협력 등이 되며, 효율성 기반과 관련되는 것은 행정능률, 자주재원, 산업분포, 지역개발, 교통·통신 등이 된다고 볼 수 있을 것이다.

자치구역개편의 기본목표는 주민생활의 편의를 도모하고, 행정능률을 제고하며, 지역개발을 촉진시키는데 있다(이규환, 1994: 33). 도·농 통합도 이와 같은 목표를 달성하기 위하여 이루어졌다. 특히 생활권을 자치구역과 일치시켜 주민편의를 제고를 위한 주민통합, 행정비용의 절감, 외부효과의 내부화로 광역행정의 효율적 수행 그리고 규모의 경제를 실현하여야 하고 효율적인 지역개발 즉 도·농 균형개발에 중점을 두고 있다.

본 연구에서는 이러한 측면을 감안하여 자치구역 통합이 추구하고 있는 목표를 다음과 같이 주민통합부문, 행정서비스부문, 재정부문, 지역개발부문 등의 4가지 측면에 초점을 맞춰 조사·분석하고자 한다.

1. 住民統合 部門

해방이후 시행되어 왔던 도농분리적 행정구역개편은 동일생활권 및 동일문화권지역을 시·군으로 분리하므로써 지역주민의 일체감과 연대의식을 약화시키는 계기가 되었다. 그리고 이는 지역개발이나 광역행정수요에 대한 대응을 어렵게 하는 요인으로 작용하였다. 도농분리적 행정구역은 동일생활권임에도 불구하고 행정구역이 분리되므로써 지역간 외부효과의 조정이 어려웠다.

도·농 통합은 분리개편으로 인하여 시·군 지역간 행·재정력 및 사회·경제적 불균형이 초래되어 지역갈등을 유발시켰던 생활권과 문화권이 동일한 시·군을 통합하므로써 지역간 이질감을 해소하고, 행정구역을 광역화하므로써 외무효과의 내부화를 촉진시키는 광역행정을 효율적으로 수행할 수 있을 것이며 지역공동체의식의 강화를 통하여 주민화합에 기여할 것으로 기대된다.

2. 行政서비스 部門

행정서비스부문에서 볼 때 도·농 통합은 행정비용을 절감하고 행정서비스의 효율적인 공급을 통하여 주민생활의 편의증진을 목표로 하고 있다. 따라서, 도·농 통합으로 행정기구의 간소화와 인력의 감소를 통하여 행정비용을 절감하고 각종 공공시설의 공동설치와 운영에 따라 중복관리비용 및 중복투자비용을 절감할 수 있으며 행정구역이 확대됨에 따라 행정서비스의 공급이 있어서 규모의 경제를 달성하므로써 행정서비스공급의 효율화를 도모할 수 있고 주민의 행정에 대한 접근성과 행정의 주민 대응성이 증대될 것으로 기대하고 있다.

3. 財政 部門

도·농 통합에 의하여 도시지역과 농촌지역이 단일자치구역으로 통합되므로써 수평적 재정조정제도의 도입효과를 기대하고 있다. 재정력이 상대적

으로 우월한 도시지역의 세수를 농촌지역으로 이전하므로써 농촌지역개발
을 촉진시킬 수 있다는 것이다.

그리고 도농분리적 행정구역에서 발생하던 불필요한 행정비용을 줄임으
로써 효율적인 세출운영을 도모하고자 한다. 또한 인구규모와 관할구역이
확대됨에 따라 예산투자 및 시설관리에 있어서 규모의 경제를 실현하므로
써 재정상태가 개선될 수 있을 것으로 기대하고 있다.

4. 地域開發 部門

동일생활권 지역을 도시행정권과 농촌행정권으로 구분하는 것은 주민생
활의 불편만 야기 시켜 왔기 때문에 생활권과 행정권을 일치시킨 단일의
정주생활권 개발이 필요하다. 정주생활권은 주민들의 일상생활과 기본수요
충족이 이루어질 수 있는 공간영역으로 중심도시와 주변농촌지역간의 기능
적 연계가 이루어져야 한다.

도·농 통합은 개발권역의 단일화를 통하여 도·농간 균형개발을 도모하
고 지역격차를 해소시키고자 한다. 도·농 통합을 통하여 도시지역은 주거
환경이 개선되고 농촌지역은 도시서비스에의 접근이 용이해져 도시지역과
농촌지역의 정주환경을 개선할 수 있다는 것이다. 그리고 도·농 통합으로
절감된 예산을 도농통합전 농촌지역인 군 지역 또는 낙후지역에 재투자하
거나 개발재원으로 활용하여 지역균형개발을 도모할 수 있을 것으로 기대
하고 있다.

第4章 여수시 統合에 대한 效果分析

第1節 評價分析틀

1. 分析틀의 設定

　도·농 통합을 통하여 달성하고자 하는 기대효과는 광범위하기 때문에 분석의 범위를 단순화시키기 위한 분석의 준거가 필요하다. 정부가 추구하고 있는 도·농 통합의 목표는 주민화합의 도모, 행정비용의 절감, 행정서비스의 효율적 공급, 광역행정의 효율적 수행, 지방재정의 개선, 주민생활의 편의증진, 도시와 농촌의 균형개발 등이 되고 있다. 이와 같은 도·농 통합의 목표에 대한 분석기준으로 주민통합부문, 행정서비스부문, 재정부문, 지역개발부문의 4가지를 정하고 주민통합부문에는 주민화합의 도모를, 행정서비스부문에는 행정비용의 절감, 행정서비스의 효율적 공급, 광역행정의 효율적 공급을, 재정부문에는 규모의 경제 실현과 지방재정의 개선을, 지역개발부문에는 주민생활의 편의증진, 도시와 농촌의 지역균형개발을 분석항목으로 두었다. 그리고 이들 분석항목별로 분석변수 및 측정지표를 설정하여 통계자료조사와 설문조사의 방법으로 도·농 통합에 따른 그 효과성을 분석하였다.

2. 評價基準

　통계자료에 의하여 측정 가능한 지표들은 통합전과 통합후의 비교를 통하여 도·농 통합의 효과를 분석하였으며, 통계자료에 의하여 측정이 불가능한 지표들에 대해서는 표본추출 후 주민 및 공무원에게 설문조사를 통해 그 만족도를 측정하였다. 도·농 통합의 효과 측정 변수를 다음과 같이 도출하였다.

첫째, 주민통합부문에서 도농통합은 지역주민의 공동체의식과 연계의식을 강화하므로써 주민화합을 도모하고자 한다. 주민통합부문에 대한 도농통합의 효과를 평가하기 위해서는 도농통합에 대한 만족도 및 주민화합도에 대한 분석이 필요하다. 도농통합에 대한 만족도에서는 도농통합에 대한 견해와 도농통합시민의 만족도를, 주민화합에 대해서는 주민의 화합도와 지역이기주의의 측정지표로서 혐오시설의 입지에 대한 인식을 살펴보고 주민의 화합방안을 알아보았다.

둘째, 행정서비스부문에서 도농통합은 행정비용을 절감하고 행정서비스 공급의 효율화를 도모하며 광역행정의 효율적 수행을 증대시키려고 한다. 따라서 행정서비스부문에 대한 도농통합의 효과를 평가하기 위해서는 행정기구 및 인력규모에 대한 분석과 행정서비스, 광역행정의 협조에 대한 만족도 분석이 필요하다. 행정기구 및 인력규모에서는 시본청 행정조직수, 하부행정조직수, 공무원수, 지방의회의원수를 살펴보았다. 행정서비스에서는 공무원의 친절도, 민원업무의 처리속도, 행정기반의 접근성, 행정정보의 접근성, 행정에 대한 주민참여도, 주민에 대한 행정의 대응도 등에 대한 만족도를 살펴본다. 광역행정의 협조에서는 도로·교통시설, 상·하수도시설, 의료·보건시걸, 환경관련시설 등의 설치에 대한 만족도를 살펴보았다.

셋째, 재정부문에서 도농통합은 공공서비스 권역의 광역화로 규모의 경제를 실현하고 효율적인 세입·세출운영을 통하여 지방재정을 개선하고자 한다. 재정부문에 대한 도농통합의 효과를 평가하기 위해서는 예산규모 및 재정수준에 대한 분석이 필요하다. 예산규모에서는 일반회계 세입액 및 세출액을 살펴보고, 재정수준에서는 재정자립도 및 1인당 지방세부담액을 살펴보았다.

넷째, 지역개발부문에서 도농통합은 개발권역의 단일화에 의하여 도시와 농촌 연계개발을 수행하므로써 지역균형개발을 도모하고자 한다. 지역개발부문에 대한 도농통합의 효과를 평가하기 위해서는 주민생활의 편의와 지역개발지표 및 지역개발의 만족도에 대한 분석이 필요하다. 지역개발지표에 대한 분석은 도농통합시 주민들의 '생활의 질(quality of life)'과 밀접한 관련이 있는 주민편의 시설과 도로·교통, 사회복지, 생활환경, 산업경제 등 하위변수를 측정하였다.

그리고 지역개발에 대한 만족도의 분석은 우선 주민생활의 편의에서는 교통시설, 통신시설, 생활편의 시설, 문화·체육시설, 생활환경 서비스, 고객여건, 의료·복지서비스 등에 대한 만족도를 살펴보았다. 도·농 통합 후 도시와 농촌의 지역발전의 속도에 대한 만족도를 살펴보고 지역발전의 속도가 빠르다고 인식되는 경우 지역발전의 촉진요인, 지역발전의 속도가 느리다고 인식되는 경우 지역발전의 지연요인을 파악하였다.

다음은 도시지역과 농촌지역별로 생활환경정비, 산업유치, 관광·레져시설 유치, 도농간 도로·교통체계개선 등으로 세분하여 도농간의 균형개발정도에 대한 만족도를 살펴보았다. 아울러 도농간 균형개발을 위하여 필요한 정책에 대해서도 알아보았다 도농통합의 효과성 분석을 위한 분석변수 및 측정지표를 정리한 평가분석의 틀은 〈그림 4-1〉과 같다.

〈그림 4-1〉 研究分析의 틀

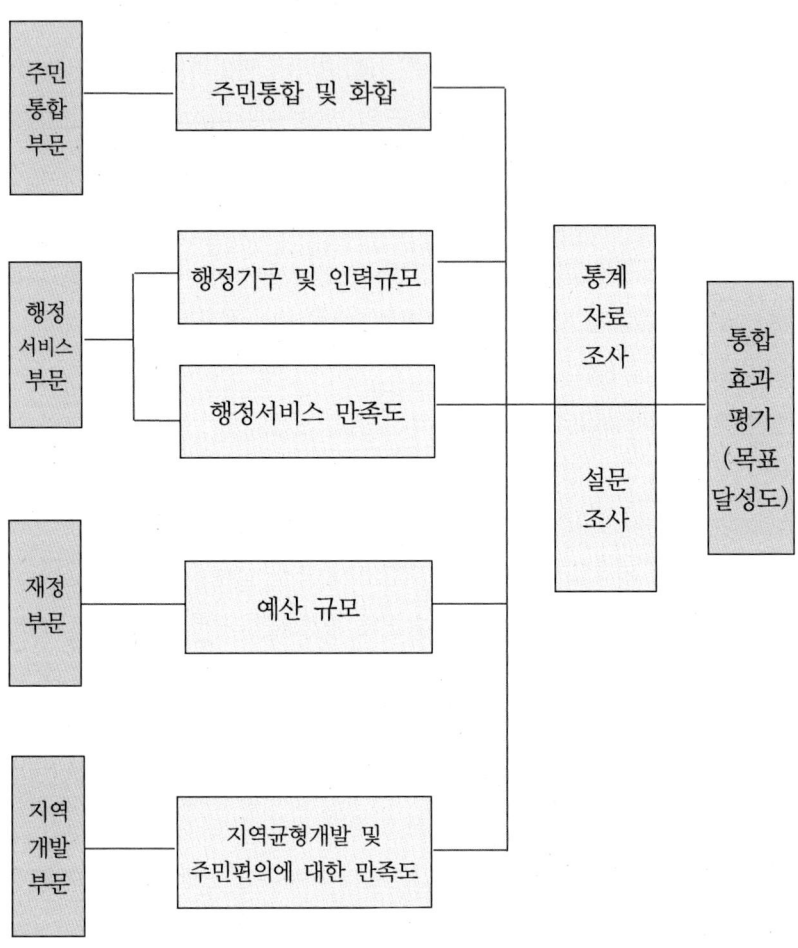

〈표 4-1〉 市郡統合에 대한 評價基準, 評價項目 및 測定指標

평가기준	평가항목	측정지표
주 민 통 합	주민통합	도·농 통합에 대한 의견
		주민 만족도
	주민화합	주민 화합도
		혐오시설의 입지 선호도
행 정 서비스	행정기구	행정조직의 수
	인력규모	공무원의 수
		지방의원의 수
	행정서비스 만족도	행정기관 접근용이성
		행정정보 접근도
		대주민 행정대응성
		민원업무 처리속도
		주민 참여도
재 정	예산규모	세입예산
		세출예산
		재정자립도
지 역 개 발	지역균형개발	통합후 지역발전속도
		도농간 개발균형정책
	주민편의 만족도	도로교통통신
		의료복지
		생활편의시설 개발정도

3. 調査方法

가. 調査對象地域 및 調査對象者

설문조사의 대상지역은 통합여수시를 통합전의 여수시, 여천시, 여천군으로 구분하고, 이들 지역의 주민과 공무원을 모집단으로 설정하고 도농통합전 여수시지역과 여천시지역, 여천군지역을 비교하기 위하여 주민의 경우에는 여수시지역 거주주민과 여천시지역 거주주민, 여천군 주민을, 공무원의 경우에는 근무지가 여수시지역, 여천시지역 공무원과 여천군지역 공무원을 표본으로 선정하였다.

나. 說問紙의 構成과 資料分析方法

설문지는 통합여수시의 주민 및 공무원들과의 면접을 통하여 작성하였다. 설문문항의 구성은 폐쇄형 질문방법(closed-questionnaire)을 사용하였고 응답내용에 대한 척도구성은 주로 리커트(Likert)의 5점 척도에 의하여 아주 나빠짐(1점), 약간 나빠짐(2점), 보통(3점), 약간 좋아짐(4점), 아주 좋아짐(5점)을 부여하였다. 또한 설문조사 실시 전에 예비설문지를 가지고 설문조사 대상지역 중 여수시의 주민과 공무원 각각 10명을 대상으로 예비조사(pre-test)를 거친 후 설문내용을 보완하므로써 설문조사의 신뢰도와 타당도를 제고시키고자 하였다.

설문조사의 결과는 빈도분석(frequency analysis)을 실시하였고, 아울러 성별, 연령, 학력, 직업, 거주지역(주민), 근무지역(공무원) 등의 응답자의 특성과 문항간의 분석상황을 교차적으로 파악하기 위하여 교차분석(crosstab analysis)을 실시하였다.

그리고 응답자의 특성별로 리커트(Likert)의 5점척도에 의한 평균평점을 추정하여 만족도를 분석하였으며 집단간의 차이를 규명하기 위하여 X^2, F-검정, t-검정을 실시하였다.

다. 設問調査

본 연구에서 채용하고 있는 통합 여수시의 효과성 평가기준으로는 크게 보아 통합과 화합에 대한 만족도, 행정조직 및 인력규모, 재정부문, 지역균등개발 및 주민 편의시설 개발 등의 4가지이다. 이에 대한 검증을 위하여 통계조사와 주민 및 공무원에 대한 설문조사를 실시하였다.

설문조사는 1999년 3월 말경부터 4월 중순까지 약 보름간에 걸쳐서 이루어졌다. 조사방법은 설문자료의 회수율을 최대한 높이기 위하여 연구자가 현지를 직접 방문하여 설문지를 배포하고 수집하는 방법을 취하였다. 아울러 응답내용이 미비한 설문지에 대해서는 피조사자와의 면접을 통하여 설문조사의 질을 높이고자 하였다.

조사방법은 본 연구의 가설검증을 위하여 별도의 조사표를 설계하여 주민과 공무원에 대한 현장조사와 우편조사를 병행하였다. 통합전 행정구역인 여수시, 여천시, 여천군 등 3개 지역별로 지역주민 약 33만 명과 공무원 정원 1,778명의 모집단 중에서 본 연구에서의 조사대상은 공무원 550명, 지역주민 1,150명 등 총 1,700명으로 정하였다. 지역별로, 인구비례로 주민과 공무원을 무작위 추출하여, 적절한 비례 층화 표본추출을 시도하고자 하였다.

지역별로 보면 여수시에 대해서는 공무원 250명, 주민 450명 등 총 700명을 조사대상으로 정했으며, 여천시와 여천군은 각각 공무원 150명, 주민 350명 등 총 500명을 대상으로 하였다. 1999년 3월 20일부터 4월 10일까지 약 20여일 간의 조사를 실시한 결과, (표 4-2)와 같이 총 1,290개의 응답이 회수되어 전체 75.9%의 비교적 높은 응답율을 나타냈다.

<표 4-2> 地域別 調査對象 및 應答 現況

(단위 : 명, %)

구 분	공무원			지역주민			합 계		
	조사 대상수	응답 회수수	응답율 (%)	조사 대상수	응답 회수수	응답율 (%)	조사 대상수	응답 회수수	응답율 (%)
· 여수시(관내)	250	181	72.4	450	377	83.8	700	558	79.7
· 여천시(관내)	150	81	54.0	350	273	78.0	500	354	70.8
· 여천군(관내)	150	74	49.3	350	301	86.0	500	375	75.0
(무응답)		1			2			3	
계	550	337	61.3	1150	953	82.9	1700	1290	75.9

특히 공무원보다는 지역 주민들의 응답율이 상대적으로 높게 나타났으며, 공무원에 대한 조사응답 회수율은 비교적 지역적 특성에 따라 약간 차이를 보였다. 즉, 상대적으로 여수시에서는 약간 높게 나타났으나 전체적인 효과 에는 거의 영향을 미치지 않을 것으로 보인다.

3여 통합에 대한 효과분석 목적의 설문구성은 (표 4-3)과 같이 일반사항과 통합에 대한 의견, 지방행정 서비스에 대한 인식, 그리고 통합 후 지역개발 속도와 도농간 균형개발에 관하여 통합전과 후를 비교하여 응답할 수 있도록 구성한바, 주민과 공무원에 대한 설문항목을 각기 약간 달리 구성하였다.

조사 결과에 대한 분석은 설문항목의 응답분포 상황과 주민 및 공무원별 공통 항목에 대한 차이분석, 그리고 일반사항에서 분류할 수 있는 지역별, 연령별, 성별, 학력별 의견 차이를 응답비율과 평균값의 비교를 통하여 실 시하였다.

〈표 4-3〉 應答者 集團別 調査項目

분 류	지역주민	공무원	공통사항	비 고
- 응답자 일반사항	·통합전 행정구역상 현재의 거주지 ·응답자 연령 ·응답자 성별 ·응답자 학력 ·월평균 가계소득	·통합전 근무지 ·현재의 근무지 ·응답자 연령 ·응답자 성별 ·응답자 학력 ·응답자 출신지 ·응답자 직급	·지역구분 ·연령별 ·성별 ·학력별	※ 공통 사항에 대해서 만이 주민, 공 무원 집 단별 차 이 분석 가능
- 통합에 대한 의견	·통합투표시 의견 ·통합후 종합 평가 ·통합후 주민화합도 ·혐오시설 유치의견	·통합투표시 의견	·통합 의견	
- 지방행정 서비스	·행정관청 방문경험 ·공무원의 개선도 ·지방행정 서비스	·통합후 공무원처우 ·지방행정 서비스	·행정서비스	
- 지역발전 속도 및 도농간 균형개발	·지역발전속도 의견 ·도농간 개발균형 ·균형발전대책 의견	·지역발전속도 의7견 ·도농간 개발균형 ·균형발전대책 의견	·발전속도 ·균형개발 평가, 의견	

주) 별첨부록 주민용, 공무원용 설문지 참조.

이 중 일부 항목은 주민과 공무원에게만 해당되지만 지역별, 성별, 연령별, 학력별 분석을 첨가하여 실시하고 그 특징을 분석하고자 하였다. 이를 위한 응답자의 지역별, 성별, 연령별, 학력별 분포 특성은 다음과 같다.

4. 應答者 分布 特性

통합 여수시의 효과분석 조사에 응답한 응답자의 지역별 분포는 (표 4-4)
와 같이 주민의 경우 951명 중 여수시 거주자가 377명(39.6%)로 가장 많고,
여천시가 273명(28.7%), 여천군이 301명(31.7%), 무응답이 2명(0.2%)의 분
포비율을 나타내고 있다. 한편 공무원의 경우에는 근무지를 통합 전, 통합
후, 출신지 등에 대하여 각각 설문한 바, 여수시 근무자가 통합 전, 통합 후
각각 53.7%, 58.2%로 가장 높았으며, 출신지도 45.1%의 비중이었다.

그리고 여천시와 여천군의 근무지 비율은 10~20%대에서 큰 변동이 없는
것으로 볼 수 있는바, 그래도 여천시근무는 통합전보다 높아 졌으나 여천군
근무지 비율은 상대적으로 낮아졌다. 이것은 도·농 통합에 의한 자치구역
상의 재조정 효과라고 볼 수 있을 것이다.

〈표 4-4〉 應答者 地域別 分布特性

(단위 : 명, %)

지역분포	거주주민	근무공무원		
	현거주지	통합전근무지	현재근무지	출신지
· 여수시(관내)	377(39.6)	181(53.7)	196(58.2)	152(45.1)
· 여천시(관내)	273(28.6)	81(24.0)	95(28.2)	55(16.3)
· 여천군(관내)	301(31.6)	74(22.0)	46(13.6)	84(24.9)
(무응답)	2(0.2)	1(0.3)	-	46(13.6)
계	953(100.0)	337(100.0)	337(100.0)	337(100.0)

응답자의 학력과 연령별 분포는 (표 4-5)와 같이 연령별로는 거의 30대
(32.7%)와 40대(30.5%)가 주축을 이루고, 학력별로는 고졸(46.1%)과 대졸
(31.6%)이 대부분을 차지하고 있다.

〈표 4-5〉　應答者 年齡 및 學歷別 分布特性

(단위 : 명, %)

연 령 별 구 조				학 력 별 구 조			
연 령	계	주 민	공무원	학 력	계	주 민	공무원
20대이하	257(19.9)	208(21.8)	49(14.5)	국　졸	62(4.8)	62(6.5)	-
30대	421(32.6)	276(29.0)	145(43.0)	중　졸	224(17.4)	224(23.5)	-
40대	393(30.5)	288(30.2)	105(31.2)	고　졸	591(45.8)	431(45.2)	160(47.5)
50대	177(13.7)	141(14.8)	36(10.7)	대졸이상	406(31.5)	229(24.0)	177(52.5)
60대이상	39(3.0)	39(4.1)	-		7(0.5)	7(0.8)	
(무응답)	3(0.2)	1(0.1)	2(0.6)				
계	1290(100.0)	953(100.0)	337(100.0)	계	1290(100.0)	953(100.0)	337(100.0)

X^2: 38.34272, P〈.001(.000), df:5　X^2: 165.03705, P〈.001(.000), df:3

　그런데 연령분포에 있어서 주민은 20대와 50대 이상이 공무원에 비하여 상대적으로 비율이 높으나, 공무원은 정년문제가 있어서 60대는 없으며, 50대의 비율도 10%정도에 불과하다. 학력별 분포에 있어서도 주민의 경우에는 국졸과 중졸의 비중이 각각 6.5%, 23.5%로 저학력층도 많이 나타나는데 반해, 공무원은 대졸이상이 52.5%를 차지하고 있으며 나머지도 모두 고졸출신으로 나타났다. 이는 지방공무원 채용제도상 학력제한 규정 때문인 것으로 풀이된다.

〈표 4-6〉 應答者 性別 및 住民所得, 公務員職級別 分布

(단위 : 명, %)

성 별	주 민	공무원	합 계	주민월평균소득	응답현황	공무원직급	응답현황
						5급	10(3.0)
남자	557(59.1)	240(71.2)	797(63.3)	1백만원 미만	136(14.5)	6급	16(15.4)
				1~2백만원미만	436(46.6)	7급	17(28.5)
여자	385(40.8)	97(28.8)	482(37.7)	2~3백만원 미만	223(23.8)	8급	77(22.8)
				3~4백만원 미만	112(11.9)	9급	34(10.1)
				5백만원 이상	29(3.1)	기능직	31(9.2)
						일용(별정)직	37(11.0)
계	943	337	1,280	계	936(100.0)	계	337(100.0)

X^2: 15.061, P〈.001(.000), df:1
주) 무응답응 비율계산상 제외하였음.

　　한편 응답자의 성별 분포를 보면 남자의 비율이 여자에 비하여 비교적
많게 나타났다. 주민의 경우에는 남, 여 비율이 59:41로 비슷한데 비해 공무
원의 경우는 71:29로 편차가 크게 나타난다. 이것은 지방공무원의 현원 남
녀비율과 비슷한 응답분포로 볼 수 있다.

　　주민들의 가구당 월평균소득 분포는 1~2백만원대가 46.6%로 가장 높고,
2~3백만원대가 23.8%로 그 다음을 차지하고 있다. 5백만원이상의 월평균소
득 비율은 3.1%에 불과하고 1백만원 이하의 월평균소득 비율이 14.5%로 분
포되어 통합 여수시 주민의 월평균소득 분포는 비교적 균등한 분포를 나타
내고 있다고 할 수 있다. 무응답도 약1.8%로 나타났다. 이는 소득이 월등히
높거나 낮은 경우로 추정해 볼 수 있으며 소득분포에는 크게 영향을 미치
지 않는다고 할 수 있다.

　　공무원의 직급 분포는 기능직(9.2%), 별정(일용)직(11%)에 비해 행정직
이 월등히 많으며, 그 중에서도 7급과 8급의 비중이 각각 28.5%, 22.8%로
이 두 직급의 비중이 절반을 상회한다. 이에 따라서 통합여수시의 효과에

대한 공무원의 응답은 이 두 직급의 공무원들의 영향력이 상당히 크게 작
용할 것으로 예상할 수 있다.

第2節 住民 統合 部門

1. 統合에 대한 意見 - 統合投票 時 意見 -

여수시와 여천시 그리고 여천군의 통합을 위한 투표 당시에 주민들과 공
무원들의 개인별 성향을 파악하기 위하여 통합투표시의 의견을 설문하였다.
설문에 대한 응답으로는 '찬성'과 '반대', '중립' 그리고 '모르겠다' 등 4가지
항목에 대한 의견을 취합한 결과가 (표 4-7)이다. 여기에서 '중립'은 한마디
로 통합이 되도 좋고 안되도 좋다는 식의 자신의 의견을 표명하지 않은 상
태를 의미하고, '모르겠다'는 응답은 무관심이나 투표에 참여하지 않은 상황
으로 해석할 수 있겠다.

본 설문에 응답한 응답자들의 여수시 통합에 대한 투표당시 의견은 '찬성'
이 42.1%, '반대'가 31.1%로 나타나 이들 설문응답자만으로 통합을 결정한
다면 통합이 이루어지기 힘든 응답분포를 나타냈다. '중립'은 20.2%였고, '모
르겠다'는 비율도 6.6%였다. 그런데 공무원의 찬성율이 주민에 비하여 약간
높게 나타났고, 반대 비율도 상대적으로 높게 나타났으며, 중립비율은 낮게
나타났다. 이는 공무원의 응답이 통합시 찬·반에 대해서 보다 확실한 의사
표명을 했다는 것을 의미한다.

<표 4-7> 市郡統合에 대한 意見 表明

(단위: 명, %)

구 분	공무원	주 민	계
찬 성	147(43.9)	395(41.5)	542(42.1)
반 대	113(33.7)	287(30.1)	400(31.1)
중 립	59(17.6)	201(21.1)	260(20.2)
모르겠다	16(4.8)	69(7.2)	85(6.6)
(무응답)	(2)	(1)	(3)
계	335(100.0)	952(100.0)	1,287(100.0) 1,290

X^2 : 5.5156, p=0.160, df=3

한편, 여수시 통합에 대한 지역별, 성별, 연령별, 학력별 집단의견 분포는 <표 4-8>에서와 같이 찬성과 반대의 비중이 크게 차이가 나고 있다. 첫째, 지역별 의견분포를 보면 여수시에서는 찬성율이 53.3%, 반대율 17.6%인데 비하여, 여천시에서는 찬성 20.2%, 반대 50.6%였고, 여천군에서는 찬성 45.9%, 반대 33.1%로 세 지역간 차이가 크게 나타나 지역별 차이가 유의수준 5%이내에서 유의미하게 나타났다. 이 결과만으로 볼 때는 여수시는 절대 찬성, 여천군은 다소 찬성이 많았고, 여천시는 절대반대의 분위기였다고 해석할 수 있다.

이러한 지역별 찬반 응답 분포는 지역의 주민과 공무원으로 구분하더라도 비슷한 분포를 보이는데, 여수시 공무원의 찬성율(57.2%)과 여천시 공무원의 반대율(53.8%)이 극단적으로 대비되는 특징을 보이고 있다. 이는 공무원의 입장에서는 통합에 따르는 반사적 이익과 손실이 승진기회나 업무량의 증가, 예산의 부담과 배분 등에 대해서 상세히 파악할 수 있었기 때문에 대립적 입장표명을 한 것으로 풀이된다.

〈표 4-8〉 都農統合에 대한 集團別 意見 分布

(단위: 명, %)

구 분			찬 성	반 대	중 립	모르겠다	계	X²
집 단	여수시	공무원	103(57.2)	44(24.4)	23(12.8)	10(5.6)	180	160.8829 (.000***)
		주 민	194(51.5)	54(14.3)	82(21.8)	47(12.5)	377	
		소 계	297(53.3)	98(17.6)	105(18.9)	57(10.2)	557	
	여천시	공무원	13(16.3)	42(53.8)	19(23.8)	5(6.3)	80	
		주 민	58(21.3)	135(49.6)	71(26.1)	8(2.9)	272	
		소 계	71(20.2)	178(50.6)	90(25.6)	13(3.7)	352	
	여천군	공무원	31(41.9)	26(35.1)	16(21.6)	1(1.4)	74	
		주 민	141(46.8)	98(32.6)	48(15.9)	14(4.7)	301	
		소 계	172(45.9)	124(33.1)	64(17.1)	15(4.0)	375	
성 별	남		343(43.1)	267(33.5)	146(18.3)	40(5.4)	796	14.9257 (.001***)
	여		195(40.5)	131(27.2)	114(23.7)	42(8.7)	482	
연 령	20대이하		132(51.6)	39(15.2)	57(22.7)	28(10.9)	256	61.7944 (.000***)
	30대		175(41.7)	136(32.4)	78(18.6)	31(7.4)	420	
	40대		156(39.7)	135(34.4)	89(22.6)	13(3.3)	393	
	50대		61(34.5)	77(43.5)	31(17.5)	8(4.5)	177	
	60대이상		16(42.1)	12(31.6)	5(13.2)	5(13.2)	38	
학 력	국졸이하		24(38.7)	20(32.7)	13(21.0)	5(8.1)	652	18.0051 (.0351*)
	중졸		74(33.0)	74(33.0)	53(23.7)	23(10.3)	224	
	고졸		253(43.0)	184(31.2)	113(19.2)	39(6.6)	589	
	대(재)졸이상		191(47.2)	117(28.9)	80(19.8)	17(4.2)	405	
계			540(42.1)	399(31.1)	260(20.2)	85(6.6)	1284	

*P〈0.05 ***P〈0.001

　　둘째, 성별의견 분포를 볼 때 여자에 비해서는 남자의 찬성율이 약간 (2.6%) 높았으며 여자의 경우 반대율이 찬성율에 비해 상당히(13.3%) 높게 나타났다. 따라서 여자의 경우가 남자에 비해 통합에 대한 반대의견을 표명한 것으로 보인다. 셋째, 연령별로는 20대 이하, 30대, 40대의 순으로 찬성율이 높았고, 60대이상에서는 찬성율이 높았으나 50대에서는 반대율이 상대적으로 높게 나타났다. 따라서 연령별로도 뚜렷한 차이가 발견된다. 넷째, 학력별로는 대졸과 고졸순으로 찬성율이 높았으며, 중졸보다 국졸이하에서 찬

성율이 더욱 높았다. 이는 학력이 높을수록 찬성율이 높은 것으로 보아 고
학력자들의 통합열의가 더욱 강했던 것으로 보인다. 또한 고졸이상의 학력
자들 집단인 공무원들의 의견에 따른 영향을 많이 받은 것으로 볼 수 있다.

이러한 결과를 종합해보면, 여수시와 여천시의 공무원들을 중심으로 통합
에 대한 찬성과 반대 의견이 대립되었음을 알 수 있고, 주민들의 경우에는
적극적인 의사표명보다는 정치적 압력이나 공무원들의 회유에 의하거나 공
무원들의 투표성향을 따르는 형태가 많았을 것으로 추측할 수 있다.

2. 統合市民으로서의 滿足度

여수시 통합 후 통합시에 대한 주민의 만족도를 평가하기 위하여 '매우불
만', '약간불만', '보통', '약간만족', '매우만족' 등 5점 척도로 설문을 실시한 결
과 (표 4-9)와 같이 '보통'이라는 응답이 42.8%로 가장 많았고, '약간불만'이
라는 응답이 30.9%로 그 다음의 비중을 차지하였다. 특히 '매우불만'이라는
응답(9.9%)을 감안해 보면, 만족비율(약간만족+매우만족: 16.3%)에 비하여
불만족비율(약간불만+매우불만)이 무려 40.8%로 매우 높게 나타나고 있다.

이는 주민들의 입장에서 통합에 대한 기대가 컸는데 비하여 실제로 통합
이 실현된 이후 얼마 지나지 않아 통합시로서의 이점이 아직 나타나지 않
고 있거나, 통합으로 인하여 큰 변화의 추구를 기대했던 만큼 아직 미치지
못하고 있기 때문인 것으로 볼 수 있다.

〈표 4-9〉 都農統合에 대한 住民 滿足度 分布

(단위: 명, %)

구 분		매우 불만	약간 불만	보 통	약간 만족	매우 만족	계	X^2
집 단	여수시	23(6.1)	89(23.7)	172(45.9)	64(17.1)	27(7.2)	375	60.80 (.000***)
	여천시	43(15.8)	86(31.6)	116(42.6)	26(9.6)	1(0.4)	272	
	여천군	28(9.3)	118(39.3)	118(39.3)	27(9.0)	9(3.0)	300	
성 별	남	55(9.9)	179(32.2)	224(40.3)	74(13.3)	24(4.3)	556	4.3289 (.3633)
	여	38(9.9)	112(29.2)	179(46.6)	42(10.9)	13(3.4)	384	
연 령	20대이하	10(4.8)	50(24.0)	107(51.4)	30(14.4)	11(5.3)	208	73.9512 (.000***)
	30대	28(10.2)	84(30.5)	123(44.7)	36(13.1)	4(1.5)	275	
	40대	25(8.7)	103(35.9)	114(39.7)	31(10.8)	14(4.9)	287	
	50대	18(12.8)	50(35.5)	51(36.2)	16(11.3)	6(4.3)	141	
	60대이상	13(35.1)	6(16.2)	11(29.7)	5(13.5)	2(5.4)	37	
학 력	국졸이하	12(19.4)	24(38.7)	21(33.9)	2(3.2)	3(4.8)	62	20.2706 (.0621)
	중졸	23(10.3)	73(32.6)	90(40.2)	28(12.5)	10(4.5)	224	
	고졸	34(7.9)	130(30.4)	197(46.0)	50(11.7)	17(4.0)	427	
	대졸이상	24(10.5)	65(28.4)	95(41.6)	38(16.6)	7(3.1)	229	
계		94(9.9)	293(30.9)	406(42.9)	117(12.4)	37(3.9)	947	

***P〈0.001

첫째, 지역별 주민 만족도 분포에 대해서도 크게 차이가 나는 바, 여수시의 통합에 대한 주민 만족 비율은 24.3%, 불만족 비율 29.8%인데 비하여, 여천시와 여천군 주민들의 만족 비율은 10%대 이내이고 오히려 불만족 비율이 47-49% 수준에 이른다. 이는 통합시에 대한 주민의 종합적인 평가가 여수시 주민에 비해 여천시와 여천군 주민들의 불만이 상대적으로 크다는 것을 의미한다. 즉, 지역적 불평등이나 불균형 개발 등에 대한 불만이 작용하고 있다고 할 수 있다.

둘째, 통합시에 대한 주민 만족도에 있어서 남녀 성별이나 학력별 차이는 크게 구별되지 않았으나, 고학력에 비하여 저학력의 불만족 비중이 다소 높게 나타났다.

셋째, 연령별로 젊은층에 비하여 50~60대층의 불만 비중이 상대적으로 높게 나타났으며, 지역별, 연령별 유의수준 5%이내에서 유의미하게 차이를 보였다.

이를 종합해 보면, 상대적으로 개발이 잘 된 여수시 주민들의 만족도에 비해, 여천시와 여천군의 주민들 특히 50대 이상의 주민들의 만족도 인식은 상대적으로 낮은 상태로 통합 이후의 수혜가 아직 별로 나타나지 있지 않다고 인식하거나, 상대적으로 지역개발이 소홀하다는 인식이 작용하는 것으로 풀이할 수 있다.

3. 統合여수시의 住民 和合度

여수시 통합후 3여 주민들의 화합도를 '아주나빠짐', '약간나빠짐', '보통', '약간좋아짐', '아주좋아짐' 등으로 설문조사한 결과는 (표 4-10)과 같다. 통합시민으로의 주민화합도에 대해서도 '보통'이라는 응답이 55.6%로 가장 많았고, '나빠졌다'는 비중이 32.9%, '좋아졌다'는 비중이 11.4%로 전반적으로 '보통'이거나 '나빠졌다'고 인식하고 있었다.

첫째, 통합시에 대한 주민 만족도에 대한 응답과 유사하게 지역간 주민화합도의 의견 차이도 극명하게 나타났다. 즉, 여수시 주민의 경우에는 '나빠졌다'는 인식이 12.1%로 '좋아졌다'는 인식(14.6%) 보다 약간 차이를 보인데 비하여, 여천시 주민의 화합도 인식 상 '나빠졌다'는 비중이 무려 43.2%에 달하며, 여천군 주민 화합도도 인식 상 '나빠졌다'는 비중이 37.6%로 여수시 주민 인식도에 비해 화합도가 많이 떨어진다. 따라서 지역간의 구별이 5%이내에서 유의미하게 나타났다. 이는 통합에 대한 투표 시 의견표명과 크게 달라지지 않고 있음을 보여주며 아직 지역간 주민화합에 대한 인식도의 차이를 좁히지 못하고 있기 때문이라고 볼 수 있다.

<표 4-10>　住民和合度의 集團別 意見 分布

(단위: 명, %)

구 분		아주 나쁨	약간 나쁨	보 통	약간 좋음	아주 좋음	계	X²
집 단	여수시	12(3.2)	71(18.9)	238(63.3)	43(11.4)	12(3.2)	376	54.5413 (.000***)
	여천시	40(14.8)	77(28.4)	137(50.6)	15(5.5)	2(0.7)	271	
	여천군	22(7.3)	90(30.3)	152(50.7)	26(8.7)	10(3.3)	300	
성 별	남	46(8.3)	142(25.6)	303(54.6)	48(8.6)	16(2.9)	555	1.4674 (.8324)
	여	27(7.0)	95(24.7)	219(56.9)	36(9.4)	8(2.1)	385	
연 령	20대이하	8(3.8)	47(22.6)	126(60.6)	19(9.1)	8(3.8)	208	53.8872 (.000***)
	30대	27(9.8)	61(22.1)	153(55.4)	32(11.6)	3(1.1)	276	
	40대	17(5.9)	85(29.7)	155(54.2)	21(7.3)	8(2.8)	286	
	50대	12(8.5)	37(26.2)	80(56.7)	8(5.7)	4(2.8)	141	
	60대이상	10(27.0)	8(21.6)	13(35.1)	5(13.5)	1(2.7)	37	
학 력	국졸이하	6(19.7)	19(30.6)	30(48.4)	6(9.7)	1(1.6)	62	14.1646 (.2903)
	중졸	21(9.4)	6(27.4)	113(50.7)	18(8.1)	10(4.5)	223	
	고졸	30(7.0)	110(25.6)	243(56.6)	36(8.4)	10(2.3)	429	
	대(재)졸이상	16(7.0)	46(20.1)	139(60.7)	25(10.9)	3(1.3)	229	
계		74(7.8)	238(25.1)	527(55.6)	84(8.9)	24(2.5)	947	

***P < 0.001

둘째, 통합시 주민들의 화합도에 대한 성별 인식차이는 크지 않았고, 학력별로도 큰 차이를 발견할 수 없으나 고학력일수록 화합에 대한 호의적인 시각을 보인 반면, 저학력으로 갈수록 나빠졌다는 인식도 비율이 다소 높게 나타났다.

셋째, 연령별로는 20대이하나 30대에 비하여 40~60대이상의 기성세대에서 화합도가 비교적 낮게 나타났으며 연령별로는 유의미한 차이를 뚜렷이 나타내고 있다. 주민화합도에 대한 응답은 통합이후 아직 지역별 인식이 통합시민으로서의 인식보다 강한 것으로 나타났다.

4. 嫌惡施設에 대한 立地 認識度

현재 거주하고 있는 지역에 쓰레기소각장, 오수처리시설, 정화조시설 등의 혐오시설이 들어서는 것에 대한 인식도에 대한 설문 결과가 (표 4-11)에 나타나 있다. 만족비율은 5.1%에 불과한데 비하여 불만족비율이 77.2%로 대다수 주민들이 혐오시설의 유치에 상당히 불만족한 인식을 갖고 있음이 드러났다.

〈표 4-11〉 嫌惡施設의 立地 認識度 意見 分布

(단위: 명, %)

구 분		매우 불만	약간 불만	보통	약간 만족	매우 만족	계	X²
집 단	여수시	160(42.9)	160(42.9)	83(22.3)	14(3.8)	8(2.1)	373	21.8091 (.0053**)
	여천시	82(30.3)	82(30.3)	96(35.4)	8(3.0)	2(0.7)	271	
	여천군	122(40.7)	122(40.7)	69(23.0)	10(3.3)	6(2.0)	300	
성 별	남	214(38.7)	214(38.7)	147(26.6)	17(3.1)	11(2.0)	553	1.17122 (.8828)
	여	147(38.3)	147(38.3)	100(26.0)	15(3.9)	5(1.3)	384	
연 령	20대이하	82(39.4)	82(39.4)	54(26.0)	6(2.9)	6(2.9)	208	30.2153 (.0664)
	30대	86(31.2)	86(31.2)	79(28.6)	8(2.9)	4(1.4)	276	
	40대	114(40.3)	114(40.3)	69(24.4)	13(4.6)	5(1.8)	283	
	50대	59(41.8)	59(41.8)	37(26.2)	5(3.5)	0(0.0)	141	
	60대이상	23(62.2)	23(62.2)	9(24.3)	0(0.0)	1(2.7)	37	
학 력	국졸이하	24(38.7)	24(38.7)	18(29.0)	2(3.2)	1(1.6)	62	8.2142 (.7682)
	중졸	71(31.8)	71(31.8)	62(27.8)	10(4.5)	4(1.8)	223	
	고졸	179(42.0)	179(42.0)	109(25.6)	13(3.1)	7(1.6)	426	
	대(재)졸이상	90(39.3)	90(39.3)	55(24.0)	7(3.1)	4(1.7)	229	
계		364(38.6)	364(38.6)	248(26.3)	32(3.4)	16(1.7)	944	

**P〈0.01 ***P〈0.001

첫째, 지역별 응답율을 보면 여수시와 여천군의 주민들의 혐오시설 유치 불만족비율이 80%를 상회한데 비하여, 여천시 주민들은 60.6%의 불만족비율을 나타내 상대적으로 낮게 나타나 지역별 유의수준 5%이내에서 유의미한 차이를 보였다. 이는 혐오시설 유치에 대해서 여수시의 경우는 통합의견과 많은 대조를 이루고 있어 혐오시설의 농촌지역 유치를 기대하고 있는 것으로 나타나고 있으며, 여천시의 경우 불만족비율이 상대적으로 낮은 이유로는 여천시는 대단위 석유 및 중화학공업단지가 조성되어 있어 기존 환경오염 및 산업폐기물처리시설이 비교적 많이 설치되어 있기 때문에 특별히 혐오시설 유치를 거부할 이유가 적은 것으로 나타나고 있다. 따라서 이는 환경입지요건과 혐오시설과 관련이 있는 것으로 볼 수 있다.

둘째, 연령별로 40대 이후의 기성층에서 불만 비중이 높게 나타났으며, 성별, 학력별로는 비슷한 불만 비중을 보이고 있다.

第3節 行政서비스 部門

1. 人力과 組織規模

가. 시본청 행정조직의 수

여수시 통합전후의 시본청 행정조직의 수를 비교해보면 실·국은 9개를 그대로 유지하고 있는 반면, 과는 61개에서 37개로, 계는 209에서 122개로 각각 대폭 축소되었다. 이와 같이 시본청에서는 전반적으로 행정조직의 감소를 나타내고 있어 조직의 효율적기능과 의사결정시간의 단축 등으로 인한 행정비용의 절감효과가 나타나고 있으며 향후에도 더욱 효과가 기대된다고 할 수 있다.

〈표 4-12〉 市本廳 行政組織의 變化

(단위 : 개)

구 분	통합전(97년)								통합후(98년)		
	여수시			여천시			여천군		실 국	과	계
	실 국	과	계	실 국	과	계	과	계			
계	8	19	78	1	25	73	17	58	9	37	122

자료: 여천군, 「군정백서」,1997. 여천시, 「통계연보」,1997.
　　　여수시, 「여수통계연보」,1998. 여수시, 「시정백서」,1995~1997.

나. 하부행정조직의 수

1994년 12월 지방자치법을 개정하여 도농통합시의 경우 도시형태를 갖춘 지역에는 동을, 그 밖의 지역에는 읍·면을 둘 수 있도록 하므로써 통합여수시 전체가 읍·면·동을 가지게 되어 통합 전에는 15사업소 28읍·면·동이, 통합 후 2출장소 27읍·면·동으로 변경 설치되었다. 즉, 15사업소가 2출장소로, 28읍·면·동이 27읍·면·동으로 감소되었다.

이와 같이 도농통합지역에서 읍·면·동은 거의 변화가 없으나 15개사업소는 2개소의 출장소만 남기고 폐소되어 이의 감소로 인한 인원감축 등의 효과가 기대되어 행정비용의 절감 및 행정의 효율성이 다소 개선될 수 있을 것으로 보인다.

<표 4-13>　下部行政組織의 變化

구 분	통합전(97년)				통합후(98년)
	여수시	여천시	여천군	계	2출장소 27읍면동
계	9사업소 14동	6사업소 7동	1읍 6면	15사업소 21동 1읍 6면	

자료: 여천군, 「군정백서」, 1997.
　　　여천시, 「통계연보」, 1997.
　　　여수시, 「시정백서」, 1995~1997.
　　　여수시, 「여수통계연보」, 1998.

다. 공무원의 수

정규직 공무원의 정원을 살펴보면 도농통합전 여수시는 878명이고, 여천군은 679명이고 여천군은 487명으로 총 2,044명이었다. 그러나 통합 후 여수시 공무원 수는 1,942명으로 통합지역 전체적으로는 102명(5%)이 감소하였다. 이중 5급 이상의 고급공무원은 10명(8%)이 감소하였고, 6급 이하의 공무원은 57명(4.4%)이 감소하였다.

이와 같이 5급 이하의 고급공무원과 6급 이하의 경력직 공무원이 모두 감소되었으며, 특수경력직 공무원정원도 35명(5.6%)이 감소되었다[42].

통합전후 공무원 인건비를 살펴보면 통합되기 이전인 1997년에는 37,349백만원이었던 것이 통합 이후인 1998년에는 36,866백만원이었다. 통합 후 여수시의 공무원 인건비의 총액은 통합전보다 483백만원(1.3%)이 감소하였다. 이는 통합으로 인한 인원감축에 따른 공무원 인건비 절감효과가 발생되고 있다고 할 수 있다.

---

42) 통합으로 인한 인원 감축 이후 1998년 6월 행정지치부의 지방조직개편 추진 방침에 의하여 1998년 9월 12일 이후 1999년 4월 1일을 기준으로 경력직 111명, 특수경력직 53명이 감축되어 조사시점 현재 정원은 1,778명으로 감원된 상태임을 밝혀 둔다.

<표 4-14> 公務員 數의 變化

(단위 : 명)

구 분	통합전(97년)												통합후(98년)			
	여수시				여천시				여천군							
	경력직공무원			특수경력직공무원	경력직공무원			특수경력직공무원	경력직공무원			특수경력직공무원	경력직공무원			특수경력직공무원
	5급이상	6급이하	계		5급이상	6급이하	계		5급이상	6급이하	계		5급이상	6급이하	계	
계	48	527	575	303	48	477	525	154	29	341	370	117	115	1235	1350	592

주) 1. 경력직 공무원은 실적에 의하여 임용이 되어 특별한 사유가 없는
　　　한 정년까지 신분이 보장되는 공무원을 말한다.
　　2. 특수경력직 공무원은 실적주의가 적용되지 않고 신분보장이 안되며
　　　정년까지의 근무를 전제로 하지 않는 공무원을 말한다.
자료: 여천군, 「군정백서」,1997. 여천시, 「통계연보」,1997.
　　　여수시, 「시정백서」,1995~1997. 여수시,「여수통계연보」,1998.

라. 지방의회 의원의 수

　　통합여수시의 통합 전 지방의회 의원 수를 보면 여수시의 기초의회의원 28명, 광역의회의원 3명이고, 여천시의 기초의회의원 9명, 광역의회의원 3명이며 여천군의 기초의회의원은 7명, 광역의회의원은 1명으로 총 기초의회의원 44명, 광역의회의원 7명이었다. 그러나 통합 후 여수시의 지방의회 의원 수는 기초의회의원 26명, 광역의회의원 6명으로 구성되어 있다. 통합지역 전체적으로 볼 때 광역의회의원 수는 1명이 감소하였고 기초의회 의원 수는 18명이 감소한 것이다.

　　기초의회 의원 수가 감소된 가운데서도 통합추진과정에서의 3여 시장·군수의 합의사항의 이행으로 기초의회 의원 구성에 있어서 적정한 지역적 안배가 이루어져 지방의회의 효율적인 운영관리체계가 구축될 것으로 기대되며 농촌지역주민들의 불만이 다소 해소될 것으로 전망된다.

<표 4-15> 地方議會 議員 數의 變化

(단위 : 명)

구 분	통합전(97년)								통합후(98년)	
	여수시		여천시		여천군		계			
	기 초	광 역	기 초	광 역	기 초	광 역	기 초	광 역	기 초	광 역
계	28	3	9	3	7	1	44	7	26	6

자료: 여천군, 「군정백서」,1997.
　　　여천시, 「통계연보」,1997.
　　　여수시, 「시정백서」,1995~1997.
　　　여수시, 「여수통계연보」,1998.

2. 行政서비스의 滿足度

가. 行政機關 接近 容易性

통합 후 지방행정기관에의 접근 용이성을 파악하기 위하여, 시청, 군청,
읍·면·동사무소 등 지방행정기관에 방문한 경험과, 그 때 공무원들의 친
절성 등 행정 서비스 지원 태도 등을 설문하였다. 여수시 통합 후 지방행정
기관에 방문한 경험에 대한 비율은 953명의 주민 중에 70.9%인 676명이 방
문한 경험이 있는 것으로 나타났다. 이들의 행정서비스 지원에 대한 인식도
변화에 대한 결과가 (표 4-16)에 나타나 있다.

<표 4-16> 統合 後 地方行政官廳의 態度 變化

(단위: 명, %)

구 분	주민의 인식					계	평 균
	아주 나쁨	약간 나쁨	보 통	약간 좋음	아주좋음		
직원들의 친절성	57(8.4)	174(25.7)	331(49.0)	88(13.0)	26(3.8)	676	2.78
직원들의 적극성	48(7.1)	185(27.5)	337(50.1)	84(12.5)	19(2.8)	673	2.76
민원인을 위한 시설	52(7.8)	157(23.4)	379(56.6)	67(10.0)	15(2.2)	670	2.75
업무처리의 신속성	41(6.1)	145(21.6)	363(54.1)	104(15.5)	18(2.7)	671	2.87
업무처리의 정확성	34(5.1)	121(18.0)	402(59.8)	90(13.4)	25(3.7)	672	2.93
업무처리의 공정성	40(5.9)	128(19.0)	402(59.7)	84(12.5)	19(2.8)	673	2.87

주) 1. 주민의 지방행정관청 방문경험은 953명중 676명으로 70.9%가 방문경험이 있는 것으로 나타
났음.
2. 응답별 약간씩 나타난 무응답은 무의미하기 때문에 배제하였음.
3. 평균값은 주민의 인식을 5점 척도에 따라 각 항목의 총 합계를 응답수로 나눈 가중 평균값임.

지방행정관청의 직원들의 친절도, 적극성, 민원인 시설, 업무처리 신속성, 정
확성, 공정성 등 6개 항목에 대한 주민들의 인식은 대체로 '보통'으로 인식하는
비중이 절반(49-59.8%)을 넘었고, '좋아졌다'는 비중에 비해 '나빠졌다'는 비중
이 상대적으로 높았다. 즉, '좋아졌다'는 비중은 12.2~18.2%인데 비하여 '나빠
졌다'는 비중은 23.1~34.6% 정도이다. 이것으로 미루어 보아 통합이 된 이후
에도 공무원들의 대 민원서비스가 크게 개선되고 있지는 않은 것으로 주민들
에게 인식되어 있었다. 특히 민원인을 위한 시설과 직원들의 적극성은 상대적
으로 더욱 나빠졌다는 결과(평균 2.75-2.76)가 나왔는데, 이는 통합으로 인하
여 민원의 ONE-STOP SERVICE SYSTEM이 제대로 이루어지지 않고 시본
청, 제2청사, 제3청사 등 민원을 위해서 자주 이동해야하는 번거로움이 그 원
인으로 작용한 것 같다. 그리고 직원들의 친절성과 민원처리의 신속성은 그 중
간정도의 응답이 나왔으며 업무처리의 공정성과 정확성은 상당히 좋아진 것으
로 나타났다. 이러한 결과에 의하면 공무원의 행정서비스의 개선은 아직 주민
들에게 크게 인식되지 못하고 있다고 할 수 있다.

〈표 4-17〉 地方行政官廳 態度變化에 대한 認識 分布

(단위 : 평균값)

항 목	지역별			성 별		학력별				계
	여수시	여천시	여천군	남자	여자	초졸	중졸	고졸	대학이상	
직원들의 친절성	2.83	2.78	2.71	2.75	2.83	2.76	2.74	2.80	2.80	2.78
직원들의 적극성	2.79	2.86	2.61	2.72	2.84	2.78	2.85	2.74	2.73	2.76
민원인을 위한 시설	2.81	2.83	2.59	2.73	2.79	2.92	2.82	2.75	2.66	2.75
업무체제의 신축성	2.96	2.87	2.75	2.83	2.94	2.92	2.85	2.94	2.76	2.87
업무체제의 정확성	3.04	2.89	2.82	2.90	2.98	2.92	2.92	2.95	2.90	2.93
업무체제의 공정성	2.91	2.85	2.84	2.84	2.92	3.05	2.69	2.87	2.82	2.87

주) 평균값은 주민의 인식을 5점 척도에 따라 각 항목의 총 합계를 응답수로 나눈 가중 평균값임.

또한 위 〈표4-17〉에서 보듯이 지역별로 행정서비스 태도의 변화 인식에 대하여, 여수시 주민들은 업무처리 신속성, 정확성, 공정성에 대해서 상대적으로 높게 인식하는 반면에, 여천시 주민들은 직원들의 친절성에 대해 상대적으로 약간 낮을 뿐 비슷한 인식을 나타내고 있으며, 여천군 주민들은 업무처리의 정확성, 공정성에는 약간 높게 그러나 직원들의 친절성, 적극성, 민원인을 위한 시설, 업무처리의 신속성에는 대체적으로 낮은 인식을 하고 있었다.

나. 公務員 人事行政上의 認識度

여수시 통합 이후 공무원들의 인사행정에 대한 응답분포는 〈표4-18〉에서 보는 바와 같이 보통이하의 '나빠졌다'는 응답이 나타났다. '좋아졌다'는 응답 비중은 10% 미만인데 비해 '나빠졌다'는 비중은 전체적으로 40-50%대로 응답하였고 중립인 '보통'에는 50%가까이 응답하고 있다. 특히 승진에 대한 인식은 통합 이후 '나빠졌다'는 응답율이 무려 74.4%에 달하여 매우 좋지 않다는 인식도를 나타냈다.

〈표 4-18〉 公務員 人事行政上의 認識度 變化

(단위: 명, %)

항 목	아주 나빠짐	약간 나빠짐	보 통	약간 좋아짐	아주 좋아짐	계	평균 (M)
근무평가공정성	54(16.3)	103(31.1)	150(45.3)	18(5.4)	6(1.8)	331(100.0)	2.45
근무지배속	56(16.9)	100(30.1)	155(46.7)	16(4.8)	5(0.5)	332(100.0)	2.44
보수및수당	82(25.4)	90(27.9)	139(43.0)	10(3.1)	2(0.6)	323(100.0)	2.26
승 진	142(42.8)	105(31.6)	72(21.7)	10(3.0)	3(0.9)	332(100.0)	1.88
신분보장	91(27.3)	99(29.7)	118(35.4)	21(6.3)	4(1.2)	333(100.0)	2.24
업무의욕	50(15.1)	88(26.6)	163(49.2)	25(7.6)	5(1.5)	331(100.0)	2.54
역할갈등	60(17.9)	95(28.4)	157(46.7)	19(5.7)	4(1.2)	335(100.0)	2.44
응집도	76(23.0)	99(29.9)	135(40.8)	18(5.4)	3(0.9)	331(100.0)	2.31
의사결정참여	46(13.9)	113(34.0)	141(42.5)	30(9.0)	2(0.6)	332(100.0)	2.48

주) 평균값(M)은 인식도를 5점 척도에 따라 각 항목의 총 합계를 응답수로 나눈 가중 평균값임.

또한, 공무원의 신분보장(M=2.24)과 보수 및 수당(M=2.26) 그리고 응집도(M=2.31)에 대한 인식항목도 평균값이 상대적으로 낮게 나타나고 있으며, 전반적으로 공무원의 인사행정상의 인식도는 아직 크게 개선되고 있지 않다고 보아진다.

〈표 4 -19〉 公務員 人事行政에 대한 地域別 認識度

(단위: 평균값)

구 분	여수시	여천시	여천군	평균(M)	표준편차	F	Sig
근무평가공정성	2.49	2.11	2.74	2.45	0.89	10.476	.000***
근무지배속	2.45	2.22	2.66	2.44	0.88	4.970	.007**
보수 및 수당	2.33	2.14	2.22	2.26	0.89	1.228	.294
승 진	1.95	1.81	1.76	1.88	0.91	1.476	.230
신분보장	2.26	2.17	2.27	2.24	0.97	0.285	.753
업무의욕	2.59	2.33	2.64	2.54	0.89	2.917	.055
역할갈등	2.50	2.30	2.45	2.44	0.89	1.471	.231
응집도	2.36	2.21	2.31	2.31	0.92	0.780	.459
의사결정참여	2.55	2.28	2.55	2.48	0.86	2.936	.054

**P〈0.01 ***P〈0.001

위 (표4-19)에서와 같이 지역별로 공무원 인사행정상의 인식도를 비교해 보면 첫째, 여천시에 근무하는 공무원들의 인식은 승진에 대해서는 여천군보다 높게 나타났지만 다른 대부분의 항목에서는 상대적으로 낮게 나타나 여천군 공무원에 비해서도 나빠졌다는 응답을 하고 있다. 둘째, 여천군 소속 공무원들은 승진에 대한 인식이 가장 나빠졌다고 응답하고 있는데 의사결정 참여, 신분보장, 근무평가공정성, 근무지 배속, 업무의욕 등은 오히려 여수시보다 더욱 좋은 반응을 나타냈다. 이로 보아 모든 부문에 있어서 여수시나 여천군에 비해 여천시의 경우는 통합투표 당시의 인식도와 현재의 인식도가 크게 변하지 않았다는 것을 의미하고 있다. 그리고 여수시에 비해서는 상대적으로 인사적 불이익에 대한 우려를 나타내고 있다는 것을 면접조사에서 간접적으로 감지할 수 있었다.

다음에는 공무원의 인사행정상의 인식도에 대한 설문 별 응답율 결과 분석을 통해 인식도 변화추이를 알아보았다.

(1) 근무평가 공정성

근무지역별 근무평가공정성에 대한 견해가 어떠한지 알아보기 위해서 F값을 이용한 일원분산분석(One-Way ANOVA)을 실시해 본 결과 여수시와 여천군공무원은 응답율평균(여수시: 2.49, 여천군: 2.74)이 여천시공무원의 응답율평균(2.11)에 비해 높게 나타나 보다 긍정적인 의견을 가지고 있었다. 또한 F값이 10.476이고 P값이 .000으로 유의수준 5%이내에서 근무지별 근무평가공정성에 대해서 유의미한 것으로 나타났다. 따라서 근무평가공정성에 대해서 근무지별로 차이가 있는 것으로 나타났다. 그러나 성별, 연령별, 직급별 그리고 학력수준별로는 거의 뚜렷한 차이가 없이 평균값(M)이 2.31-2.59로 거의 비슷한 수준으로 근무평가의 공정성은 별로 확보되지 않고 약간 나빠졌다는 응답이 지배적이었다.

(2) 근무지 배속

근무지역별 근무지배속에 대한 견해는 여천시가 '나빠졌다'는 응답 (M=2.22)이 높게 나타난 반면 여수시(M: 2.45)와 여천군(M: 2.66)은 상 대적으로 낮게 나타났다. 특히, 여천군의 경우에는 농어촌지역이면서도 '나 빠졌다'는 응답이 낮게 나타나 근무지 배속에 대한 기대치가 상당히 높은 것으로 나타났다.

또한 연령별로는 30대, 20대이하, 50대 순으로 근무지 배속에 대한 의견에 있어서 '좋아졌다'는 응답율이 높게 나타났으며 40대에 있어서 가장 '나빠졌 다'는 응답이 많았다. 이는 젊은 층인 20-30대와 정년이 임박한 50대 공무원 에 비해 중간계층인 40대에 있어서 근무지 배속에 대한 불안감이 더욱 큰 것으로 보인다. 근무지 배속에 대한 인식도는 연령별, 근무지역별 차이가 유늬수준 5%이내에서 유의미하게 나타나고 있다.

(3) 보수 및 수당

보수 및 수당에 대한 근무지역별 의견은 여수시(M=2.33)보다는 여천군 (M=2.22)이, 여천군보다 여천시(M=2.14)가 더욱 개선되지 않았다고 응답 하고 있다. 이는 상대적으로 여수시와 여천군에 비해 여천시 공무원들이 통 합을 반대하는 이유에서와 마찬가지로 가장 불만이 많았다. 연령별로 보면 20대이하(55.3%)와 30대(57.3%) 등 비교적 젊은 계층에서 40대(49.5%)나 50대(44.4%)보다 상대적으로 '나빠졌다'는 응답율이 높게 나타났으며, 직급 별로는 중간계층인 8급이 '나빠졌다'는 응답율(72.6%)이 타직급 응답율 (40-56.7%)보다 월등히 높게 나타나고 있다. 그러나 성별, 연령별, 학력별 견해 차이가 크지는 않았으나 전반적으로 보수 및 수당에 대한 견해는 국 가경제의 위기상황과 맞물려 좋니 않은 반응을 보이고 있다.

(4) 승 진

전체적으로 승진에 대한 공무원들의 응답율(M=1.88)은 '나빠졌다'(약간나빠짐+매우나빠짐: 74.1%)는 의견이 지배적이었다. 근무지역별로 승진에 대한 응답율은 농어촌지역인 여천군(81%)이 제일 나빠졌다고 하였으며 다음으로 여천시(79%)가 그리고 여수시(69.5%)의 순으로 나타났다. 도시지역인 여수시의 경우에도 나빠졌다는 응답율이 상당히 높게 나타나고 있어 승진에 대한 공무원들의 인식은 더욱 나빠졌다는 의견 표명을 하고 있었다. 그리고 연령별, 직급별로는 유의수준 5%이내에서 뚜렷한 집단별 차이를 보이고 있었다.

(5) 신분보장

신분보장에 대한 의견은 '보통'이라는 응답율(M=2.24)이 가장 많이 나타났으며 대부분의 집단별로 크게 차이가 나지 않았으나 연령별로는 40대가 나빠졌다는 응답율이 65.7%로 신분보장에 대해서 불안해했으며, 유의수준 5%이내에서 뚜렷한 차이를 보이고 있었다. 또한 근무지역별로는 여수시나 여천군보다는 여천시에서 '나빠졌다'는 응답율(M=2.17)이 높게 나타났으며, 남자보다는 여자가 신분보장에 대한 불안감을 더욱 갖고 있는 것으로 조사됐다.

(6) 업무의욕

업무의욕에 대한 응답은 (표4-18)(표4-19)에서 나타나듯이 집단별로 뚜렷하게 유의미한 차이가 나타나지 않았다. '보통'이라는 응답이 49.2%로 별로 달라진 것이 없는 것으로 나타났다. 근무지별로는 여수시와 여천군에 비해서 여천시가 '보통'이라는 응답(40.7%)보다 '나빠졌다'는 응답율(M=2.33)이 높게 나타났으며, 직급별 응답율에서는 유의수준 5%이내에서 유의미하게 나타났다. 5급이상인 상위직급에서는 '보통'이라는 응답율과 '나빠졌다'는 응답율이 50%로 똑같이 나타났으나 '좋아졌다'는 의견은 전혀 보이지 않아 상위직급일수록 통합이후에 더욱 업무의욕이 떨어지는 것으로 나타났다.

(7) 역할 갈등

역할갈등에 대한 집단별 의견은 (표4-19)에서 보듯이 대체로 보통수준의 응답으로 나타났다. '나빠졌다'는 응답(46.5%)보다 '보통'이라는 응답 (46.7%)이 약간 높게 나타났으며, '좋아졌다'는 응답은 6.9%로 나타났다.

근무지역별로는 여수시(M: 2.50)나 여천군(M: 2.45)보다는 여천시(M: 2.30)에서 여전히 '나빠졌다'는 응답율이 높게 나타났으며, 특히 연령별로는 40 대, 50대, 30대, 20대이하 순으로 나빠졌다는 응답이 유의미한 차이를 보였다.

(8) 응집도

(표4-18)(표4-19)에서 보면 대체적으로 응집도에 대한 의견이 '나빠졌다' 는 응답(53%)이 '보통'(40.7%)이나 '좋아졌다'(6.3%)는 응답보다 높게 나타났다. 이는 통합으로 인하여 공무원들간의 응집도가 약간 떨어진 것으로 추정된다. 집단별로 보면 근무지역별에서는 여천시지역이 가장 나빠졌다고 응답하였고, 연령별 응답율에서는 40대가 가장 나빠졌다고 응답하였다. 성별로는 비슷하게 나타났으며 학력별로는 고졸보다는 대졸이상 학력이 공무원들간의 응집도가 떨어진 것으로 나타났다.

(9) 의사결정 참여도

집단별 의사결정 참여도는 '나빠졌다'는 응답율(47.7%)이 '보통'이라는 응답율(42.6%)보다 약간 높게 나타났다. 그러나 의사결정 참여도가 '좋아졌다' 는 응답율도 9.6%로 나타났다. 이는 의사결정 참여도에서는 조금씩 개선되고 있다고 볼 수 있다. 근무지역별로는 여수시나 여천군에 비해서 여천시가 '나빠졌다'는 응답율이 58%로 상대적으로 소외되었다는 의견이 많았다. 연령별로는 50대, 20대, 30대, 40대 순으로 의사결정참여도가 높은 것으로 나타났다.

다. 地方行政 서비스 質 改善認識

거주 지역의 지방행정 서비스의 질적 개선에 대하여 주민들과 공무원들에게 공통으로 설문한 결과 (표 4-20)과 같이 '보통'이라는 응답이 50~60%대로 대부분이었고, '좋아졌다(약간좋아짐+매우좋아짐)'는 비율은 10~20%대인 반면에, '나빠졌다(약간나빠짐+매우나빠짐)'는 비율은 20~30%대의 분포를 보이고 있다.

〈표 4-20〉 統合 後 地方行政서비스의 質 改善 認識度

(단위: 명, %)

항 목	아주 나빠짐	약간 나빠짐	보 통	약간 좋아짐	아주 좋아짐	계	평 균
행정기관에의 접근	60(5.2)	248(21.5)	706(61.1)	122(10.6)	19(1.6)	1155	2.82
행정정보의 접근도	38(3.3)	269(23.4)	679(59.0)	152(13.2)	13(1.1)	1151	2.85
행정의 주민참여도	51(4.5)	306(26.7)	655(57.3)	116(10.1)	16(1.4)	1144	2.77
민원서류 발급	45(3.9)	199(17.3)	651(56.7)	207(18.0)	46(4.0)	1148	3.01
지역경제 활성화	50(4.4)	268(23.4)	614(53.6)	181(15.8)	32(2.8)	1145	2.89
교통편의 시설	130(11.2)	246(21.3)	502(43.4)	244(21.1)	34(2.9)	1156	2.83
교통소통	133(11.5)	287(24.9)	510(44.3)	198(17.2)	24(2.1)	1152	2.73
쓰레기 처리	92(8.0)	275(23.8)	606(52.5)	157(13.6)	24(2.1)	1154	2.78
재활용 처리	108(9.4)	290(25.2)	608(52.9)	125(10.9)	19(1.7)	1150	2.70
공기청정도 개선	139(12.2)	288(25.2)	616(53.9)	84(7.4)	15(1.3)	1142	2.60
사회복지 시설	115(10.0)	243(21.1)	633(55.1)	147(12.8)	11(1.0)	1149	2.74
사회복지시설 이용도	105(9.1)	255(22.2)	635(55.2)	137(11.9)	18(1.6)	1150	2.75
사회복지 서비스	108(9.4)	252(22.0)	620(54.1)	148(12.9)	18(1.5)	1146	2.75
상수도(수돗물)	68(5.9)	253(22.0)	686(59.6)	115(10.0)	29(2.5)	1151	2.81
하수도(오수, 우수)	101(8.8)	289(25.2)	631(55.0)	108(9.4)	18(1.6)	1147	2.70
보건서비스	92(8.0)	237(20.6)	639(55.6)	164(14.3)	17(1.5)	1149	2.81
위생점검	107(9.3)	246(21.3)	642(55.6)	138(12.0)	21(1.8)	1154	2.76
공원 및 체육시설	108(9.4)	306(26.7)	546(47.6)	162(14.1)	24(2.1)	1146	2.73
시설물 안전	101(8.9)	293(25.7)	624(54.8)	109(9.6)	12(1.1)	1139	2.68
소방시설	79(6.9)	226(19.9)	707(62.2)	109(9.6)	16(1.4)	1137	2.79

주) 평균값은 인식도를 5점척도에 따라 각 항목의 총계를 응답수로 나눈 가중평균임

특히 상대적으로 서비스의 질이 나빠진 정도가 심한 것으로는 공기청정
도 개선(M＝2.60), 시설물 안전(M＝2.68), 하수도(오수, 우수)(M＝2.70) 등
으로 나타났고, 상대적으로 개선된 정도가 높은 것으로는 민원서류 발급
(M＝3.01), 지역경제 활성화(M＝2.89)와 행정정보에의 접근도(M＝2.85) 등
인 것으로 나타났다.

〈표 4-21〉　地方行政서비스 改善認識 集團別 分布

(단위 : 평균값)

항 목	집 단 별				지 역 별					계
	주민	공무원	t	Sig	여수시	여천시	여천군	F	Sig	
행정기관에의 접근	2.84	2.78	-1.109	.268	2.85	2.74	2.85	2.459	.086	2.82
행정정보의 접근도	2.94	2.90	1.319	.188	2.94	2.79	2.75	8.475	.000***	2.85
행정의 주민참여도	2.76	2.81	.959	.338	2.83	2.77	2.67	4.303	.014*	2.77
민원서류 발급	2.94	3.18	4.443	.000***	3.08	2.91	2.90	4.759	.009***	3.01
지역경제 활성화	2.86	2.96	1.833	.067	3.00	2.74	2.84	11.495	.000***	2.89
교통편의 시설	2.71	3.14	6.776	.000***	2.91	2.65	2.88	7.350	.001***	2.83
교통소통	2.61	3.04	7.145	.000***	2.72	2.64	2.85	3.616	.027*	2.73
쓰레기 처리	2.68	3.02	6.305	.000***	2.84	2.73	2.72	2.431	.088*	2.78
재활용 처리	2.64	2.86	3.933	.000***	2.80	2.62	2.58	8.148	.000***	2.70
공기청정도 개선	2.53	2.79	4.659	.000***	2.74	2.60	2.32	23.317	.000***	2.60
사회복지 시설	2.65	3.01	6.972	.000***	2.84	2.84	2.44	23.206	.000***	2.74
사회복지시설 이용도	2.64	3.02	7.022	.000***	2.81	2.84	2.51	14.801	.000***	2.75
사회복지 서비스	2.65	3.01	6.423	.000***	2.81	2.81	2.57	7.936	.000***	2.75
상수도(수돗물)	2.76	2.94	3.528	.000***	2.83	2.82	2.77	.521	.594	2.81
하수도(오수, 우수)	2.61	2.93	6.133	.000***	2.71	2.72	2.65	.525	.592	2.70
보건서비스	2.71	3.05	6.315	.000***	2.80	2.88	2.73	2.570	.077	2.81
위생점검	2.66	3.00	6.241	.000***	2.76	2.86	2.64	4.668	.010**	2.76
공원 및 체육시설	2.59	3.08	8.586	.000***	2.84	2.75	2.46	17.599	.000***	2.73
시설물 안전	2.59	2.90	5.912	.000***	2.81	2.64	2.47	17.319	.000***	2.68
소방시설	2.74	2.90	3.603	.000***	3.08	2.72	2.65	10.880	.000***	2.79

*P〈0.05 **P〈0.01 ***P〈0.001
주) 평균값은 인식도를 5점 척도에 따라 각 항목의 총 합계를 응답수로 나눈 가중 평균값임.

그리고, 집단별(주민, 공무원)로 행정서비스의 질적 개선에 대한 인식은 크게 차이를 보이는 데, (표 4-21)에 보이는 바와 같이 20가지의 행정 서비스 항목에 걸쳐 주민의 질적 개선 평가 평균치에 비해 공무원의 평가 평균치는 모든 항목에 걸쳐서 높게 나타난다.

특히 주민들의 평균치는 '보통'이하인 2점대인 반면에 공무원의 평균치가 '보통'이상인 3점대의 항목수가 절반인 무려 10가지나 나타난다. 이는 행정 서비스에 대한 평가에서는 공무원의 평가는 스스로 높다고 하는 심리적 영향이 크게 나타난 것으로 보인다.

또한 지역별로는 여수시, 여천시, 여천군의 순으로 나타났다. 이로 보아 통합 전의 도시화와 지역발전에 기인한 것으로 보이며 통합 후의 효과는 아직 나타나지 않은 것으로 인식되었다.

第4節 財政 部門

1. 豫算規模

가. 一般會計 稅入額

일반적으로 정부회계는 일반회계와 특별회계로 분류된다[43]. 지방자치단

---

43) 일반회계는 조세수입을 主財源으로 하고 일반행정 및 재정활동을 主對象으로 하는 회계를 말하며 기관의 유지·운영 및 도시개발사업 등의 일반적인 행정활동을 지원하는 기능을 지니고 있다. 특별회계는 조세가 아닌 다른 특정수입으로 경비를 충당하게 되며 지방자치단체가 특정한 사업을 운영할 때라든지 기타 특정한 세입·세출로서 일반세입·세출과 구분하여 계리할 필요가 있을 때 법

체의 주된 회계라 할 수 있는 일반회계를 중심으로 통합 후 통합여수시의 세입액의 변화를 알아 보았다.

지방자치단체에 있어서 일반회계인 세입예산의 주요재원이 되고 있는 지방세, 세외수입, 지방교부세, 지방양여금, 보조금을 보면 통합여수시의 세입예산액은 통합전의 세입예산액보다 21.9% 감소하고 있다. 자체수입 중 지방세는 다소 감소되었으며, 세외수입은 재산임대수입과 재산매각수입, 전기이월금이 현저히 줄었기 때문에 대폭 줄어들었다[44]. 지방교부세, 보조금 등의 이전수입은 각각 2.4%, 42.1%증가하였으나 지방양여금은 약 14.1% 감소되었다.

〈표 4-22〉 一般會計 收入額의 項目別 統合前後 變化

(단위 : 백만원, %)

구 분	통합전(97년)				통합후(98년)(B)	B/A
	여수시	여천시	여천군	계 (A)		
지방세	26,298(15.5)	26,319(31.5)	5,223(5.6)	57,840(16.6)	53,759(19.8)	92.9
세외수입	81,217(47.9)	38,463(46.0)	24,281(25.5)	143,961(41.3)	52,844(19.4)	36.7
지방교부세	32,789(19.4)	6,091(7.3)	35,151(36.9)	74,031(21.3)	75,787(27.8)	102.4
지방양여금	8,485(5.0)	3,507(4.2)	11,441(12.0)	23,433(6.7)	20,118(7.4)	85.9
보조금	20,591(12.2)	9,300(11.0)	19,129(20.0)	49,020(14.1)	69,670(25.6)	142.1
계	169,380(100)	83,680(100)	95,225(100)	348,285(100)	272,178(100)	78.1

주) 세입결산 기준임.
자료: 여수시, 통계연보, 1996~1997.
　　　여천시, 통계연보, 1996~1997.
　　　여천군, 통계연보, 1996~1997.
　　　여수시, 여수통계연보, 1998

일반회계 세입예산 중 지방세, 세외수입, 지방교부세, 지방양여금, 보조금

률 또는 조례로서 특별회계를 설치한다.
44) 세외수입 중 경상적 세외수입인 재산임대수입이 175백만원에서 157백만원으 로 줄었으며, 임시적 세외수입인 재산매각수입이 4,304백만원에서 1,280백만 원, 이월금이 28,334백만원에서 12,498백만원으로 감소된 것으로 나타났다.

등의 비중을 보면 통합 전 여수시는 지방세 15.5%와 세외수입 47.9%, 여천시는 지방세 31.5%와 세외수입 46.0%로서 주로 자체수입으로 조달되고 있지만, 여천군은 지방교부세 36.9% 보조금 20.0%로서 이전수입에 크게 의존하고 있다. 여수시와 여천시의 경우에서는 통합 후 자체수입인 지방세 및 세외수입의 감소를 가져오고 있고, 여천군의 입장에서는 이와 대조적인 현상이 나타난다.

통합여수시의 농촌지역개발을 위해서는 막대한 재원이 요구되지만 여천군지역 주민들은 종전과 동일한 지방세 부담수준을 유지하기 때문에 세수증대는 기대하기는 어려울 것이다. 따라서 재정상태가 상대적으로 양호한 여수시, 여천시지역에서의 개발재원확보가 불가피한 만큼 세수 확보를 위한 재원조달방안이 마련되어야 할 것이다.

〈표 4-23〉 一 般會計 稅入額 推移

(단위: 백만원,%)

구 분	94년	95년	96년	97년	98년	99년예산
여수시	111,940	118,011	149,786	169,380	*통합후	*통합후
여천시	39,998	49,116	67,735	83,680		
여천군	61,731	87,949	87,649	95,225		
계 (전년도 대비증가)	210,970	235,911 (11.8%)	267,398 (13.3%)	348,285 (30.2)	272,178 (-21.9%)	259,756 (-4.6%)

주) 1. 세입결산 기준임
　　2. 통합 이후에는 지역별 세입액은 통계처리하지 않고 있음.
자료: 여수시, 통계연보, 1996~1997.
　　　여천시, 통계연보, 1996~1997.
　　　여천군, 통계연보, 1996~1997.
　　　여수시, 여수통계연보, 1998

〈표4-23〉에서 보면 일반회계 세입액(3여 지역 합산)이 통합 전에는 매년 증가하였으나 통합 후에는 많은 감소를 나타내고 있다. 이는 〈표4-24〉에서 볼 수 있듯이 일반회계 세출액의 감소(23.1%)에 따른 세입액의 동반 감소라고 볼 수 있다.

나. 一般會計 稅出額

일반회계 세출액을 살펴보면 통합 전에는 3여 지역 모두 의회비, 일반행정비, 민방위비 등 경상적 경비는 상대적 비중이 유사하지만, 산업경제비, 지역개발비 등은 현저한 차이를 보이고 있다. 산업경제비와 지역개발비의 경우 지역적인 특수성 때문에 월등히 다르게 나타나고 있다. 통합여수시의 세출액은 도농통합전 세출액보다 23.1% 정도 감소하였다. 이들 세출액을 기능별로 살펴보면 의회비, 일반행정비, 등의 경상적 경비의 비중은 높아지고 있고 그 외 사회복지비, 산업경제비. 지역개발비, 문화체육비 등은 현저히 낮아져 통합 후 예산절감효과가 크게 나타나고 있다는 것을 보여주고 있다.

이와 같이 통합여수시는 세출액이 상이한 3여의 지방자치단체가 하나로 통합되었기 때문에 재원배분에 있어서 도시지역과 농촌지역간 형평성이 확보되지 않을 경우에는 지역주민간 갈등이 유발될 가능성이 많기 때문에 통합여수시의 예산운용에 있어 도시와 농촌간의 수혜 계층간 형평성이 확보되어야 할 것이다.

<표 4-24> 一 般會計 稅出額의 變化

(단위 : 백만원, %)

구 분	통합전(97년)				통합후(98년)(B)	B/A
	여수시	여천시	여천군	계(A)		
의회비	1,341(0.82)	855(1.08)	653(0.68)	2,849(0.84)	2,982(1.15)	104.7
일반행정비	25,376(15.59)	21,647(27.39)	19,594(2.05)	66,617(19.27)	68,013(26.23)	102.1
사회복지비	23,849(14.66)	13,607(17.22)	14,040(14.72)	51,496(15.27)	33,008(12.73)	64.1
산업경제비	9,957(6.12)	22,977(29.07)	5,837(6.12)	38,771(11.50)	17,924(6.91)	46.2
지역개발비	50,990(31.34)	2,853(3.61)	29,125(30.53)	82,968(24.61)	54,788(21.13)	66.0
문화및체육비	40,712(25.02)	15,241(19.28)	23,868(25.02)	79,821(23.67)	72,085(27.80)	90.3
민방위비	360(0.22)	732(0.62)	588(0.62)	1,680(0.50)	252(0.10)	15
지원및기타경비	10,140(6.23)	1,123(1.42)	12,958(3.84)	12,958(3.84)	10,252(3.95)	79.1
계	162,725(100)	79,035(100)	95,400(100)	337,160(100)	259,304(100)	76.9

주) 세출결산 기준임.
자료: 여수시, 여천시, 여천군, 통계연보, 1996~1997.
　　　여수시, 여수통계연보, 1998

2. 財政水準

가. 財政自立度

　　지방자치단체의 재정상태를 나타내는 지표로써 재정자립도[45]가 주로 활용된다. 여수시 통합 이후 재정상태의 개선정도를 파악하기 위하여 세입결산을 통한 재정자립도를 살펴보았다.

---

45) 재정자립도를 심정근 등(1977: 122-128)은 지방재정의 책임성과 동일한 의미 로 사용하면서, 지방세와 세외수입의 합계인 자체수입을 중심으로 한 지방재 정세입의 구성요소를 자세히 분석해 보면 충분히 설명되지 않는 부분들이 있다는 것이다. 이들은 자체세입을 세입의 관점에서 본 자체세입(세외수입+조세결정권이 자치단체에 있는 진정한 의미의 지방세수입)과 세출의 관점에서 본 자체세입(세입의 관점에서 본 자체세입+이전재원인 지방교부금)으로 구분 하고, 재정적 자율성에서 세입의 자율성뿐만 아니라 세출의 관점에서 본 자체세입이 지방재정에서 차지하는 비율(지출자율성)을 중요시해야 한다고 한다.

첫째, 통합 전 통합지역의 재정자립도는 여수시가 63.5%이고, 여천시는 77.4%이며, 여천군은 31.0%으로 전체지역으로는 평균57.9%이었다. 그러나 통합여수시의 평균재정 자립도는 통합당시 39.2%로서 여천군지역보다는 8.2% 정도 높아졌고, 여수시보다는 24.5% 정도가 낮았으며 여천시보다는 상대적으로 많은 38.2%의 월등히 낮은 수준을 보이고 있다. 그러나 1999년도(예산액 기준) 여수시 재정자립도는 40.3%로 예상되어 전국시 평균 54.1%의 재정자립도 보다는 낮고, 전국군 평균 22.9%의 재정자립도 보다는 높으나 향후 조금씩 개선될 것으로 보인다.

둘째, 통합여수시의 재정수입은 지방세 수입은 높아지고 있으나 세외수입은 상대적으로 많이 떨어진다. 지방교부세, 국고보조금 등 중앙정부의 이전수입에 의존하는 비중이 높으며 지방양여금은 낮아지고 있다.

〈표 4-25〉 여수시 統合前後 財政自立度의 變化

(단위 : 원, %)

구 분	일반회계 세입액	자체조달 수입	의존수입	재정자립도
1997년 여수시	169,380	107,515	61,865	63.5
여천시	83,680	64,782	18,898	77.4
여천군	95,225	29,504	65,721	31.0
(합계)	(348,285)	(201,801)	(146,484)	(57.9)
1998년	272,178	106,603	165,575	39.2
1999년(예산)	259,756	104,743	155,013	40.3

주) 1. 세입결산 기준임
  2. 재정자립도(%) =자체수입(지방세+세외수입)/지방재정세입결산×100
  3. 1998회계년도 253개 자치단체의 평균 재정자립도는 63.4%였으며, 자치단체 종류별로는 광역시는 81.2%, 도는 42.1%, 시는 54.1%, 군은 22.9%, 자치구는 49.7%였다. 부산고아역시, 경기도, 전남도, 경북문경시, 경북 영양군, 부산 서구는 재정자립도가 가장 낮았다.
자료: 여수시, 통계연보, 1996~1997.
  여천시, 통계연보, 1996~1997.
  여천군, 통계연보, 1996~1997.
  여수시, 여수통계연보, 1998

또한 통합여수시의 평전재정자립도는 통합전 통합지역 3여 전체의 평균 재정자립도보다 18.7% 낮아졌지만 점차 해를 거듭할수록 증가할 것으로 예상된다. 따라서 통합여수시의 재정상태는 일반시·군과 비교해 볼 때 상대적으로 개선되고 있다고 할 수 있다.

나. 住民들의 地方稅 負擔額

지방세부담액은 지역의 소득수준이나 경제활동의 정도에 따라 차이를 나타낸다. 1인당 지방세의 부담수준은 통합시별로 불균등할 뿐만 아니라 도시지역과 농촌지역은 소득격차에 따라서 많은 차이를 보이고 있다. 지방자치단체가 부과하는 지방세는 15종의 세목[46]으로 구성되어 있으며 주민세와 면허세는 지역별 부담세율의 차이가 있으나 나머지 13개 세목은 부담세율이 똑같다.

통합 전 통합지역에서 징수한 지방세는 여수시지역이 26,298백만원이며, 여천시지역이 26,319백만원이며 여천군지역이 5,223백만원이다. 통합여수시에서 징수한 지방세는 53,759백만원으로 통합 전 3여 지역에서 징수한 지방세의 합계액보다 7.1% 정도가 감소하였다(표 4-22참조). 그리고 1인당 지방세부담액을 보면 통합전 통합지역의 여수시는 평균 139.7천원, 여천시는 평균 325.4천원이고, 여천군은 평균 85.3천원이며 전체적으로는 평균 175.1천원이었다. 그러나 1998년말 현재 1인당 지방세부담액은 162.5천원이다.

지방세부담액은 주민의 소득수준을 반영하고 있는 것으로 볼 수 있기 때문에 도농통합전 통합지역의 시는 일반시보다 소득수준이 높고 통합지역의 군은 일반군보다 소득수준이 낮은 것으로 짐작된다.

---

46) 지방세 세목은 다음과 같다.

구 분	보 통 세	목 적 세
세 목	취득세, 등록세, 면허세, 주민세, 재산세, 자동차세, 농지세, 도축세, 마권세, 담배소비세, 종합토지세	도시계획세, 공동시설세, 사업소세, 지역개발세

第5節 地域開發 部門

1. 統合 後 地域發展 速度

통합시의 지역발전 속도에 대한 설문에 대한 응답은 (표4-26)에서와 같이 '보통'이라고 인식하는 비율이 약 49.5%로서 절반정도이고 '느리다'는 응답(36.0%)이 '빠르다'는 응답(14.4%)에 비해 높게 나타나고 있어 통합효과로 인한 지역발전 속도에 대한 인식은 아직 나타나지 않는 것으로 보인다.

첫째, 집단별 지역발전속도에 대한 인식도를 보면 주민들은 '느리다'는 인식이 37.9%인데 비하여 공무원의 경우에는 31.2%만이 '느리다'고 인식하고 있었으며, 오히려 '빠르다'는 인식 비율은 주민(11.9%)에 비해 공무원(21.1%)의 인식이 상당히 높게 나타났다.

둘째, 지역별로 여수시 주민과 공무원의 인식상 통합 후 지역 발전속도가 '빠르다'고 응답한 반면에, 여천시에서는 공무원이나 주민 모두 '느리다'는 응답비중이 43.7%정도나 되었다. 여천군의 경우에는 주민은 개발속도가 '느리다'고 인식하고 있었으나 공무원의 경우는 '빠르다'는 인식비중이 31.5%로 오히려 여수시 공무원의 '빠르다'는 응답율(20.6%)보다 높게 나타났다. 집단별, 지역별, 연령별 응답율은 각각 유의수준 5%이내에서 유의미하다고 할 수 있다.

셋째, 성별, 학력별로는 크게 구분되지 않고 비슷한 인식수준을 보이고 있었다. 이는 공무원과 주민간의 인식도 비교에 있어서 주민보다는 공무원이 지역발전속도가 빠르다고 느끼고 있으며, 시·군지역간 인식도에서는 여수시와 여천군에 비해 여천시가 느리다고 느끼고 있었다. 연령별 인식도에서는 20대이하와 60대이상에서 중간계층보다 지역발전속도가 느리다고 느끼고 있었다.

〈표 4-26〉 麗水市 統合 後 地域發展 速度 意見 分布

(단위 : 명, %)

구 분			매우 느리다	약간 느리다	보통	약간 빠르다	매우 빠르다	계	평 균	t, F
집 단	공무원		37(11.3)	65(19.8)	157(47.9)	65(19.8)	4(1.2)	328	2.80	2.700
	주 민		99(10.7)	252(27.2)	464(50.1)	99(10.7)	12(1.3)	926	2.65	(.007**)
지역별 (집단별)	여 수 시	공무원	20(11.4)	36(20.6)	83(47.4)	35(20.0)	1(0.6)	175		
		주 민	38(10.4)	88(24.0)	171(46.6)	63(17.2)	7(1.9)	367		
		소 계	58(10.7)	124(22.9)	254(46.9)	98(18.1)	8(1.5)	542	2.77	
	여 천 시	공무원	13(16.5)	18(22.8)	38(48.1)	9(11.4)	1(1.3)	79		F:11.233
		주 민	37(14.5)	80(30.5)	128(48.9)	15(5.7)	1(0.4)	262		(.000***)
		소 계	51(15.0)	98(28.7)	166(48.7)	24(7.0)	2(0.6)	341	2.50	
	여 천 군	공무원	4(5.5)	11(15.1)	35(47.9)	21(28.8)	2(2.7)	73		
		주 민	23(7.8)	84(28.4)	165(55.7)	20(6.8)	4(1.4)	296		
		소 계	27(7.3)	95(25.7)	200(54.2)	41(11.1)	6(1.6)	369	2.74	
성 별	남 자		100(12.9)	190(24.5)	370(47.6)	106(13.6)	11(1.4)	777	2.66	-1.362
	여 자		35(7.5)	124(26.5)	246(52.6)	58(12.4)	5(1.1)	468	2.73	(.174)
연령별	20대이하		27(10.7)	85(33.7)	105(41.7)	33(13.1)	2(0.8)	252	2.59	
	30대		43(10.5)	96(23.5)	199(48.8)	64(15.7)	6(1.5)	408	2.74	F: 2.315
	40대		39(10.2)	80(20.5)	211(55.2)	49(12.8)	3(0.8)	382	2.73	(.042*)
	50대		16(9.3)	47(27.3)	88(51.2)	18(10.5)	3(1.7)	172	2.68	
	60대이상		10(27.0)	9(24.3)	16(43.2)	0 (0.0)	2(5.4)	37	2.32	
학력별	국졸이하		8(12.9)	18(29.0)	33(53.2)	1(1.6)	2(3.2)	62	2.53	
	중 졸		11(5.0)	64(29.4)	112(51.4)	27(12.4)	4(1.8)	218	2.77	F: 1.829
	고 졸		15(13.1)	126(22.1)	297(52.0)	70(12.3)	3(0.5)	571	2.65	(.140)
	대학이상		41(10.3)	107(27.0)	176(44.3)	66(16.6)	7(1.8)	397	2.75	
계			135(10.8)	315(25.2)	618(49.5)	164(13.1)	16(1.3)	1248	2.69	

*P〈0.05 **P〈0.01 ***P〈0.001
주) 평균값은 인식도를 5점 척도에 따라 각 항목의 총 합계를 응답수로 나눈 가중 평균값임.

2. 都農間 開發均衡政策에 대한 認識

여수시 통합 후 도시와 농촌간의 개발균형정책에 대한 인식을 파악하기 위하여 생활환경 개선 만족도, 산업유치 만족도, 관광·레저시설 유치, 도·농간 도로교통체제 개선 등 4개 항목에 대한 설문조사를 분석한 결과는

〈표 4-27〉과 같다.

'보통'이라는 인식이 49.2~57.6%의 분포로 대부분을 차지하였으며, '좋아졌다'는 비중은 9.1~19.8%대인 반면에 '나빠졌다'는 비율은 31.0~34.6%이다. 또한 이들 항목에 대하여 주민들의 평가는 보통이하로 비교적 낮게 나타났지만 공무원의 평가는 상대적으로 높게 나타났다.

주민과 공무원간의 도농간의 통합 후 개발 균형정책에 대한 의견에서는 4개 항목이 각각 t값이 3.887, 3.710, 4.941, 6.358로서 유의수준 1%이내에서 모두 유의한 것으로 나타났다.

즉, 도농간 개발 균형정책에 대한 두 집단간의 의견차이가 뚜렷이 나타나는 결과를 가져왔다.

〈표 4-27〉 統合 後 都農間 開發 均衡政策 意見

(단위 : 명, %)

구 분		아주 나빠짐	약간 나빠짐	보 통	약간 좋아짐	아주 좋아짐	계	평균(M)	t
생활 환경 개선 만족도	공무원	23(7.0)	59(17.9)	196(39.4)	51(15.5)	1(0.3)	330	2.84	
	주민	55(5.9)	281(30.4)	526(56.9)	56(6.1)	7(0.8)	925	2.65	3.887 (.000***)
	소계	78(6.2)	340(27.1)	722(57.6)	107(8.5)	8(0.6)	1255	2.70	
산업 유치 만족도	공무원	22(6.7)	61(18.6)	173(52.7)	67(20.4)	5(1.5)	328	2.91	
	주민	62(6.7)	276(30.0)	466(50.7)	95(10.3)	21(2.3)	920	2.71	3.710 (.002**)
	소계	84(6.7)	337(27.0)	639(51.2)	162(13.0)	26(2.1)	1248	2.77	
관광 레저 시설 유치	공무원	22(6.7)	56(17.2)	166(50.9)	74(22.7)	8(2.5)	326	2.97	
	주민	98(10.7)	242(26.4)	447(48.7)	108(11.8)	22(2.4)	917	2.69	4.941 (.000***)
	소계	120(9.7)	298(24.9)	613(49.3)	182(14.6)	30(2.4)	1243	2.76	
도·농 간도로 교통체 계개선	공무원	19(5.8)	51(15.6)	147(45.0)	102(31.2)	8(2.4)	327	3.09	
	주민	88(9.6)	229(24.9)	467(50.7)	121(13.1)	16(1.7)	921	2.73	6.358 (.000***)
	소계	107(8.6)	280(22.4)	614(49.2)	223(17.9)	24(1.9)	1248	2.82	

**P〈0.01　***P〈0.001

첫째, 지역별 도농간 개발균형정책에 대한 의견에서는 〈표4-28〉에서와 같이 여수시의 경우가 여천시나 여천군의 평균값보다 상대적으로 높게 나타나고 있으며, 여천군은 모든 항목에서 비교적 낮게 나타났다. 이는 통합이후 아직 농촌지역에 대한 개발정책이 제대로 시행이 되고 있지 않으며 그 효과 또한 아직 미미한 상태이기 때문이다. 둘째, 성별로는 남성보다는 여성이 더 좋아졌다는 의견을 표명했었다. 셋째, 학력별 F-검정을 실시한 결과를 보면 생활환경 개선만족도, 산업유치 만족도, 도농간 도로교통체계개선 등에서는 유의수준 5%이내에서 유의미하게 나타났다. 즉, 학력에 따라 뚜렷한 차이를 보이고 있으며 고학력일수록 높은 인식도를 나타내고 있었다.

〈표 4-28〉   都農間 開發均衡政策 集團別 意見 分布

(단위 : 평균값)

항 목	지역별			성 별		학력별						계
	여수시	여천시	여천군	남자	여자	초졸	중졸	고졸	대졸이상	F	Sig.	
생활환경개선 만족	2.78	2.67	2.61	2.69	2.72	2.32	2.68	2.71	2.77	6.706	.000***	2.70
산업유치 만족	2.92	2.71	2.59	2.78	2.75	2.45	2.72	2.76	2.85	4.460	.004**	2.77
관광·레저시설유치	2.86	2.82	2.56	2.76	2.77	2.47	2.77	2.77	2.81	2.543	.055	2.76
도농간도로교통체계개선	2.90	2.78	2.75	2.80	2.86	2.575	2.71	2.84	2.90	3.804	.010*	2.82

*P〈0.05 **P〈0.01 ***P〈0.001
주) 평균값은 인식도를 5점척도에 따라 각 항목의 총 합계를 응답수로 나눈 가중 평균값임.

3. 地域 均衡開發 및 住民便宜

통합 여수시의 지역 균형발전을 위한 대책으로 (가) 법적·제도적 지원 강화, (나) 중앙정부 또는 도의 재정지원 확대, (다) 통합시 자체 종합발전

계획의 수립·실시 등 3개 항목에 대하여 우선순위를 기입하는 방식으로
설문조사를 실시하였다.

〈표 4-29〉 地域均衡發展 對策 優先 順位

(단위 : 명, %)

구 분		1순위	2순위	3순위	총응답수	종합점수
공무원	가. 법적·제도적지원	55(18.2)	83(27.4)	165(54.5)	303	496(26.5)
	나. 중앙정부·도재정지원	81(26.5)	145(47.4)	80(26.1)	306	613(32.8)
	다. 통합시자체 종합발전계획 수립시행	187(59.6)	73(23.2)	54(17.2)	314	761(40.7)
						(1870)
주민	가. 법적·제도적지원	224(25.6)	223(25.5)	429(49.0)	876	1547(29.2)
	나. 중앙정부·도재정지원	349(39.7)	369(42.0)	160(18.2)	878	1945(36.7)
	다. 통합시자체 종합발전계획 수립시행	323(36.8)	281(32.0)	272(31.0)	878	1803(34.1)
						(5295)
합계	가. 법적·제도적지원	279(23.7)	306(26.0)	594(50.4)	1179	2043(28.5)
	나. 중앙정부·도재정지원	430(36.3)	514(43.4)	240(20.3)	1184	2558(35.7)
	다. 통합시자체 종합발전계획 수립시행	510(42.8)	354(29.7)	328(27.5)	1192	2566(35.8)
						(7167)

주) 종합점수는 1순위: 3점, 2순위: 2점, 3순위: 1점으로 응답수를 계산하여 합한 점수임. 비중은 총점에
   대한 해당항목의 비율임.

설문조사의 결과는 위 (표 4-29)에 나타나 있다.

위 표에서 보는 바와 같이 주민, 공무원의 응답합계는 첫째,(다)항: 통합
시 자체 종합발전계획의 수립·실시의 항목에 대해서는 35.8%의 응답이었
고, 둘째,(나)항: 중앙정부 또는 도의 재정지원 확대를 바라는 응답은
35.7%이고, 셋째,(가)항: 법적·제도적 지원강화를 원하는 응답율은 28.5%
로 나타났다. 이를 집단별로 보면, 공무원의 경우에는 지역개발균형대책의
순위결정에서 가장 먼저 (다)항: 통합시 자체 종합개발계획의 수립시행
(40.7%)을, 두 번째는 (나)항: 중앙정부나 도재정에서의 지원(32.8%)을 바
라고 있었으며 마지막으로 (가)항: 법적·제도적 지원(26.5%)을 바라는 순
서로 응답결과가 나타났다. 그러나, 지역 주민집단의 경우에는 1,2순위로

(나)항: 중앙정부나 도재정에서의 지원(36.7%)과 (다)항: 통합시자체의 종합발전계획 수립시행(34.1%)을 요구했고 마지막으로 (가)항: 법적·제도적 지원강화(29.2%)를 바라고 있어 지역자체의 발전대책보다도 정부나 광역단체에서의 지원을 은근히 바라고 있었다.

이러한 결과를 볼 때 공무원의 경우는 지방자치시대를 맞이하여 지역사회의 개발은 지방자치단체가 스스로 해결해야 한다는 의식이 자리잡아 가고 있으나, 지역주민의 경우는 아직 지역사회 개발에 대해서 중앙정부나 광역자치단체인 도에 의존하는 경향이 두드러지게 나타나고 있다. 그러나 작금의 지방자치제하에서의 지방정부나 지역주민의 자치성의 확보와 자치권의 집행차원과 연계해서 위 (표 4-29)의 종합점수 합계에서 볼 수 있듯이 우선 지방자치단체 내에서의 지역개발계획을 수립·시행하고 필요한 경우, 중앙정부나 도재정 그리고 법적·제도적 지원을 하여야 보다 효과적인 지역개발을 수행할 수 있을 것이다.

第6節 統合意見 集團別 推移分析

1. 住民統合 및 和合度에 대한 意見

여기에서는 3여 통합에 대한 통합투표 당시의 찬성·반대의 의견별로 통합이후의 주민통합 및 화합에 대한 평가, 행정서비스의 질에 대한 평가 의견, 지역개발과 도·농간 개발균등정책에 대한 평가 등에 대해서 그 인식이 어떻게 달라지고 있는지에 대해서 살펴보았다. 사전적으로 통합 투표 시 찬성집단에서는 반대집단이나 중립집단에 비하여 주민통합 및 화합, 행정서비스, 지역개발 등에 대하여 긍정적인 인식을 지닐 것으로 여겨진다. 특히 지역별로는 찬성율이 높은 지역내에서의 긍정적 평가와 공무원 집단에서 주민집단보다 상대적으로 통합효과가 긍정적으로 나타날 것으로 예상 할 수 있겠다. 이것으로부터 통합에 의한 효과의 수혜가 직·간접적으로 미치는 집단에서 그렇지 않은 집단보다는 긍정적으로 인식하고 있을 것이라는 가설을 이끌어 낼 수 있을 것이다.

〈표 4-30〉 住民統合 및 和合度에 대한 意見 變化

(단위: 명, %)

구 분		통합평가					계	X^2 (P)
		매우불만	불 만	보 통	만 족	매우만족		
통합의견	찬성집단	27(6.9)	79(20.1)	174(44.3)	82(20.9)	31(7.9)	393	291.794 (.000***)
	반대집단	61(21.3)	166(57.8)	52(18.1)	8(2.8)	-	287	
	중립집단	3(1.5)	42(20.9)	137(68.2)	18(9.0)	1(0.5)	201	
계		91(10.3)	287(32.6)	363(41.2)	108(12.3)	32(3.6)	881	

구 분		주민화합도					계	X^2 (P)
		아주나쁨	나 쁨	보 통	좋 음	아주좋음		
통합의견	찬성집단	14(3.6)	61(15.5)	240(61.1)	60(15.3)	18(4.6)	393	199.003 (.000***)
	반대집단	56(19.5)	123(42.9)	103(35.9)	5(1.7)	-	287	
	중립집단	2(1.0)	47(23.4)	138(68.7)	12(6.0)	2(1.0)	201	
계		72(8.2)	231(26.2)	481(54.6)	77(8.7)	20(2.3)	881	

구 분		혐오시설입지					계	X^2 (P)
		매우불만	불 만	보 통	만 족	매우만족		
통합의견	찬성집단	181(46.3)	89(22.8)	97(24.8)	11(2.8)	13(3.3)	391	71.724 (.000***)
	반대집단	117(40.9)	110(38.5)	54(18.9)	5(1.7)	-	286	
	중립집단	45(22.4)	62(30.8)	81(40.3)	11(5.5)	2(1.0)	201	
계		343(39.1)	261(29.7)	232(26.4)	27(3.1)	15(1.7)	878	

***P〈0.001

　주민통합 및 화합도에 대한 의견변화를 보면 첫째, 통합투표 당시 찬성 및 반대 그리고 중립집단별 통합 후의 통합시에 대한 종합적 평가는 찬성 집단의 만족비율(약간만족+매우만족)이 28.8%인데 비하여 반대집단의 만 족도는 2.8%에 불과하다. 또한 불만족비율(약간불만+매우불만)은 찬성집단 에서 27.0%인데 비하여 반대집단에서는 80.1%라는 상당히 높은 비율을 나 타낸다. 중립(보통)집단은 만족에 대한 응답율이 9.5%이고 불만에 대한 응 답율이 22.4%로 크게 나타나는 특징을 보이고 있다. 이러한 결과로 볼 때 통합투표 당시의 인식이 통합 후에도 별로 변화가 나타나지 않고 있음을 짐작할 수 있으며 통합 결과에 대해서도 일부를 제외하고는 그대로 투표 당시의 견해를 유지하고 있는 것으로 보인다. 따라서 통합 투표 시 의견표 명 집단별 통합 후의 주민화합도에 대한 인식도의 결과는 찬성집단에서 '좋 아졌다'는 인식이 19.9%로 나타난 데 비해서 반대집단에서의 '나빠졌다'는 인식은 72.4%에 달하고 있어 통합에 의한 주민화합도에서도 통합투표 전의 인식과 크게 달라지지 않았다. 둘째, 혐오시설의 입지에 대한 의견은 찬성 집단이나 반대집단 모두 불만족에 대한 응답비율이 70%이상을 차지하고 있어 이에 대한 인식도의 차이는 없는 것으로 보이며, 중립집단에서의 불만 족 비율은 53.2%정도에 달해 상대적으로 낮게 나타났다. 결국, 통합 투표 시 의견차이별로 통합 후의 주민화합 및 통합에 대한 인식은 통합 후에도 통합전이나 동일한 견해를 유지하고 있는 것으로 판단되며 혐오시설 입지 에 대한 님비현상(NIMBY syndrome)이 일어날 수 있는 부분에 대해서는 같은 인식을 하고 있는 것으로 평가된다. 각 항목별 집단 인식의 차이는 통 계적으로 유의수준 5%이내에서 유의미하게 나타났다.

2. 行政서비스 改善에 대한 認識度 變化

통합 투표 시 찬성 및 반대 그리고 중립 등의 의견집단별로 통합 후 행
정서비스 개선 정도를 인식하는 정도를 분석한 결과는 (표4-31)과 같다.

첫째, 행정기관에의 접근이 통합 전보다 통합 후에 '좋아졌다'는 인식정도
에 대해서는 찬성집단이 16.3%인데 비하여 반대집단에서는 6.1%로 나타나
상대적으로 낮은 비율을 나타내고 있으며, 반대로 '나빠졌다'는 인식비율은
찬성집단에서 22.8%로 나타난 데 반해 반대집단에서는 38.2%가 나빠졌다고
응답하였다. 이렇게 볼 때 행정서비스에 대한 인식도에서는 크게 차이가 나
지는 않지만 찬성집단의 의견이 긍정적으로 나타났다. 둘째, 행정정보에의
접근에 대해서는 '좋아졌다'는 인식이 찬성집단에서 18.5%로 높게 나타났으
며, 반대집단에서는 '나빠졌다'는 응답이 36.6%로 상당히 높게 나타나고 있
다. 셋째, 행정의 주민참여도에 대한 인식도조사에서 찬성집단에서는 '좋아
졌다'는 응답율이 15.6%로 낮게 나타난 반면에 '나빠졌다'는 인식은 28.1%
로 높게 나타났다.

넷째, 지역경제 활성화에 대한 인식도는 찬성집단에서는 22.2%가 통합 후
에 '좋아졌다'고 한 반면 24.7%는 '나빠졌다'고 응답하였다. 반대집단에서는
'좋아졌다'는 비율이 8.9%로 낮은 응답인데 비하여 '나빠졌다'는 응답율은
36.9%로 높게 나타났다. 다섯째, 복지서비스에 대한 인식도에서는 찬성집간
과 중립집단에서는 '좋아졌다'는 비율이 상당히 높게 나타났으나, 반대집단
에서는 더욱 '나빠졌다'는 의견이 많았다.

결국 행정서비스 개선에 대한 통합 후의 인식도의 변화는 찬성집단에서는
'좋아졌다'는 긍정적인 응답이 반대집단보다는 높게 나타났지만 통합 후 오
히려 '나빠졌다'는 비율은 20-30%정도의 수준으로 나타나, 반대집단의 의견
과 유사한 응답율을 보인다. 이는 통합에 의한 행정서비스의 개선효과가 아
직 통합으로 인한 기대치에 미치지 못하고 있다는 의미로 해석할 수 있다.

〈표 4-31〉 統合意見別 行政서비스 改善에 대한 認識度 變化

(단위: 명, %)

구 분		행정기관접근					계	X² (P)
		아주나빠짐	나빠짐	보 통	좋아짐	아주좋아짐		
통합 의견	찬성집단	23(4.5)	94(18.3)	312(60.8)	71(13.8)	13(2.5)	513	66.544 (.000***)
	반대집단	43(10.9)	108(27.3)	220(55.7)	20(5.6)	4(1.0)	395	
	중립집단	3(1.2)	40(16.1)	175(70.3)	29(11.6)	2(0.8)	243	
	계	69(6.0)	242(20.9)	707(61.1)	120(10.4)	19(1.6)	1157	

구 분		행정정보접근					계	X² (P)
		아주나빠짐	나빠짐	보 통	좋아짐	아주좋아짐		
통합 의견	찬성집단	13(2.5)	108(21.2)	295(57.8)	85(16.7)	9(1.8)	510	42.868 (.000***)
	반대집단	28(7.1)	117(29.5)	215(54.3)	34(8.6)	2(0.5)	396	
	중립집단	6(2.4)	44(17.7)	165(66.5)	31(12.5)	2(0.8)	248	
	계	47(4.1)	269(23.3)	675(58.5)	150(13.0)	13(1.1)	1154	

구 분		행정의 주민참여					계	X² (P)
		아주나빠짐	나빠짐	보 통	좋아짐	아주좋아짐		
통합 의견	찬성집단	25(4.9)	118(23.2)	287(56.4)	66(13.0)	13(2.6)	509	40.376 (.000***)
	반대집단	33(8.4)	126(32.1)	209(53.3)	23(5.9)	-	392	
	중립집단	8(3.2)	57(23.0)	159(64.1)	22(8.9)	2(0.8)	248	
	계	66(5.7)	301(26.2)	655(57.0)	111(9.7)	16(1.4)	1149	

구 분		지역경제 활성화					계	X² (p)
		아주나빠짐	나빠짐	보 통	좋아짐	아주좋아짐		
통합 의견	찬성집단	18(3.6)	107(21.1)	269(53.2)	94(18.6)	18(3.6)	506	43.768 (.000***)
	반대집단	34(8.7)	111(28.2)	213(54.2)	32(8.1)	3(0.8)	393	
	중립집단	10(4.0)	53(21.2)	132(52.8)	46(18.4)	9(3.6)	250	
	계	62(5.4)	271(23.6)	614(53.4)	172(15.0)	30(2.6)	1149	

***P〈0.01

구 분		복지서비스					계	X² (P)
		아주나빠짐	나빠짐	보 통	좋아짐	아주좋아짐		
통합 의견	찬성집단	46(9.1)	113(22.3)	252(49.7)	82(16.2)	14(2.8)	507	41.585 (.000***)
	반대집단	52(13.3)	93(23.7)	213(54.3)	32(8.2)	2(0.5)	392	
	중립집단	13(5.2)	39(15.7)	160(64.3)	35(14.1)	2(0.8)	249	
	계	111(9.7)	245(21.3)	625(54.4)	149(13.0)	18(1.6)	1148	

***P〈0.001

3. 地域開發에 대한 認識度 變化

통합투표 당시 표명했던 통합에 대한 찬성, 반대 그리고 중립의견을 각각
집단별로 구분하여 각각의 집단들이 응답한 여수시의 도·농 통합 후의 지
역발전 속도에 대한 인식차이와 도시와 농촌간의 개발균등정책에 대한 개
선에 대한 인식도 변화를 살펴보았다.

분석결과에 대한 요약은 다음 (표 4-32)와 같다.

첫째, 통합 후 지역발전 속도에 대한 인식은 찬성집단에서 '빠르다'는 응
답비율이 19.0%인데 비하여 '느리다'는 비율은 33.7%였다. 반대집단은 6.4%
가 '빠르다'고 인식하고 47.6%는 '느리다'는 인식이다. 이는 통합에 의해 지
역발전속도가 빨라졌다는 인식보다는 느리다는 인식이 상징적으로 높다고
할 수 있다. 따라서 통합효과가 지역발전속도까지 미치지는 않을 것으로 인
식되고 있다는 것을 의미한다.

둘째, 통합 후 생활환경개선 만족도에 대해서 찬성집단은 '좋아졌다'는 인
식이 12.4%로 상대적으로 약간 높으나, '나빠졌다'는 비율도 27%에 이른다.
반대집단은 44.9%가 나빠졌다는 응답이다.

셋째, 산업유치 만족도도 찬성집단에서는 긍정적인 응답비율(18.5%)이 나
타났으나 '나빠졌다'는 부정적인 인식도 28.7%로 나타났으며 반대집단의 부
정적인 응답율은 44.7%에 이른다.

넷째, 관광레저시설 유치가 통합 후 '좋아졌다'는 인식은 찬성집단이
20.3%, 반대집단이 11.1%이며, 반면에 '나빠졌다'는 인식은 찬성집단이
32.3%, 반대집단이 39.4%로 긍정적인 인식보다 훨씬 높게 나타나고 있다.

마지막으로 통합 후 도농간 도로교통체제 개선에 대한 인식도에서는 찬
성집단에서 26.8%의 응답이 '좋아졌다'고 하였으나, 28.4%는 '나빠졌다'는
반응이었다. 반대집단에서는 13.1%가 '좋아졌다'고 응답한 반면에 37%가
'나빠졌다'고 인식하고 있었다.

<표 4-32> 統合 後 地域開發認識度 變化

(단위: 명, %)

구 분		지역발전속도					계	X² (P)
		매우느리다	느리다	보 통	빠르다	매우빠르다		
통합 의견	찬성집단	51(9.8)	125(23.9)	247(44.3)	87(16.7)	12(2.3)	522	58.202 (.000***)
	반대집단	62(15.8)	125(31.8)	181(46.1)	24(6.1)	1(0.3)	393	
	중립집단	13(5.1)	53(20.9)	146(57.7)	38(15.0)	3(1.2)	253	
계		126(10.8)	303(25.9)	574(49.1)	149(12.8)	16(1.4)	1168	
구 분		환경개선 만족도					계	X² (P)
		아주나빠짐	나빠짐	보 통	좋아짐	아주좋아짐		
통합 의견	찬성집단	23(4.4)	117(22.6)	314(60.6)	58(11.2)	6(1.2)	518	44.505 (.000***)
	반대집단	39(9.8)	140(35.1)	194(48.6)	26(6.5)		399	
	중립집단	12(4.7)	59(23.0)	162(63.3)	21(8.2)	2(0.8)	256	
계		74(6.3)	316(26.9)	670(57.1)	105(9.0)	8(0.7)	1173	
구 분		산업유치 만족도					계	X² (P)
		아주나빠짐	나빠짐	보 통	좋아짐	아주좋아짐		
통합 의견	찬성집단	25(4.9)	122(23.8)	270(52.7)	79(15.4)	16(3.1)	512	38.389 (.000***)
	반대집단	39(9.8)	139(34.9)	182(45.7)	36(9.0)	2(0.5)	398	
	중립집단	15(5.9)	60(23.4)	137(53.5)	37(14.5)	7(2.7)	256	
계		79(6.8)	321(27.5)	589(50.5)	152(13.0)	25(2.1)	1166	
구 분		관광레저 시설유치					계	X² (P)
		아주나빠짐	나빠짐	보 통	좋아짐	아주좋아짐		
통합 의견	찬성집단	44(8.6)	121(23.7)	242(47.4)	88(17.2)	16(3.1)	511	24.378 (.002***)
	반대집단	50(12.6)	106(26.8)	196(49.5)	35(8.8)	9(2.3)	396	
	중립집단	17(6.7)	54(21.3)	131(51.6)	47(18.5)	5(2.0)	254	
계		111(9.6)	281(24.2)	569(49.0)	170(14.6)	30(2.6)	1161	
구 분		도농간도로 교통체제					계	X² (P)
		아주나빠짐	나빠짐	보 통	좋아짐	아주좋아짐		
통합 의견	찬성집단	41(8.0)	105(20.4)	230(44.7)	120(23.3)	18(3.5)	514	43.600 (.000***)
	반대집단	48(12.1)	99(24.9)	199(50.0)	50(12.6)	2(0.5)	398	
	중립집단	9(3.5)	64(25.2)	134(52.8)	43(16.9)	4(1.6)	254	
계		98(8.4)	268(23.0)	563(48.3)	213(18.3)	24(2.1)	1166	

***P < 0.001

148

결과적으로 통합에 대한 지역발전과 지역균등개발에 대한 인식은 '보통'
이라는 응답율이 가장 높게 나타났으나 긍정적인 '좋아졌다'는 의견보다 부
정적인 '나빠졌다'는 인식이 찬성집단이나 반대집단 모두에서 높게 나타났
다. 따라서 통합효과가 지역개발 속도나 도농간 균등개발정책을 효율적으로
수행하는 단계에는 아직 이르지 못했다고 보여진다.

4. 統合意見 變化에 대한 綜合評價

지금까지 통합투표 당시의 찬성 및 반대 그리고 중립집단의 통합 후의
주민통합과 화합, 행정서비스의 만족도 그리고 지역개발과 지역균등개발정
책에 대하여 인식도의 변화에 대해서 알아보았다. 이에 대한 응답율의 평균
값을 나타낸 것이 (표4-33)이다.

<표 4-33> 統合意見에 대한 認識度 平均값 分布

구 분		찬 성 Mean(Std)	반 대 Mean(Std)	중 립 Mean(Std).	전 체 Mean(Std)	F (P***)
주민통합 및 주민 화합	통합평가	3.03 (1.00)	2.02 (0.71)	2.86 (0.60)	2.66 (0.95)	127.645(.000)
	주민화합도	3.02 (0.80)	2.20 (0.77)	2.83 (0.59)	2.71 (0.83)	103.980(.000)
	혐오시설입지	1.94 (1.06)	1.81 (0.80)	2.32 (0.92)	1.99 (0.97)	17.462(.000)
행정 서비스	행정기관접근	2.92 (0.77)	2.58 (0.79)	2.95 (0.60)	2.81 (0.76)	28.355(.000)
	행정정보접근	2.94 (0.74)	2.66 (0.75)	2.92 (0.65)	2.84 (0.74)	18.307(.000)
	행정의주민참여	2.85 (0.80)	2.57 (0.74)	2.81 (0.67)	2.75 (0.76)	16.084(.000)
	지역경제활성화	2.97 (0.83)	2.64 (0.78)	2.96 (0.84)	2.86 (0.83)	21.210(.000)
지역개발 및 지역 균형개발 정책	복지서비스	2.81 (0.91)	2.59 (0.84)	2.90 (0.73)	2.75 (0.86)	12.077(.000)
	지역발전속도	2.78 (0.92)	2.43 (0.84)	2.86 (0.77)	2.68 (0.88)	25.248(.000)
	환경개선만족도	2.82 (0.73)	2.52 (0.76)	2.77 (0.69)	2.71 (0.74)	20.469(.000)
	산업유치만족도	2.88 (0.84)	2.56 (0.81)	2.85 (0.84)	2.76 (0.84)	19.055(.000)
	관광레저시설유치	2.83 (0.92)	2.61 (0.90)	2.88 (0.86)	2.76 (0.91)	8.781(.000)
	도농간도로교통체제	2.94 (0.95)	2.65 (0.87)	2.88 (0.78)	2.83 (0.90)	12.900(.000)

***P < 0.001

전반적으로 찬성집단의 응답율이 반대집단의 응답율보다 평균값이 높게
나타나고 있다. 이는 찬성집단에서는 약간 좋아졌다거나(3.0이상) 보통(3.0
에 근접)이라고 답변한 반면 반대집단은 대체로 나빠졌다고 반응하고 있다
는 것을 뜻한다. 특이한 것은 찬성집단에서도 혐오시설입지에 대한 평균값
(1.94)이 가장 낮게 나타나 혐오시설의 유치는 반대한다는 입장인 반면 통
합평가와 주민화합도에서는 평균값이 3.02로서 주민통합과 화합도는 좋아졌
다고 인식하고 있는 것으로 나타났다. 통합의견 반대집단에서는 대부분 평
균값이 낮게 나타났으나, 행정서비스 부문(행정기관접근, 행정정보접근, 행
정주민참여, 지역경제활성화, 복지서비스)의 경우에는 약간 높게 나타났다.
그리고 지역개발 및 지역균형개발 정책 부문 중 환경개선만족도, 산업유치
만족도, 관광레저시설 유치 그리고 도농간 도로교통체제에서 약간 높게 나
타나 통합효과에 대한 인식도가 조금씩 개선되고 있는 것으로 보인다. 또한
집단(공무원, 주민)별 통합 후 인식도 변화는 다음(표4-34)에서 잘 보여주
고 있다.

첫째, 행정서비스 개선에 대한 질문에 대해서 공무원의 경우는 통합 찬성집
단은 '좋아졌다'는 응답(22-32%)이, 반대집단은 '나빠졌다'는 응답(44-51%)이
극명하게 대립되어 있으며, 그리고 주민의 경우는 찬성집단은 '약간좋아졌
다'(13%)고 한 반면에 반대집단은 '나빠졌다'(31-35%정도)고 응답하였다.

둘째, 지역발전 및 지역균등개발에 있어서도 공무원은 찬성집단과 반대집
단이 극명하게 대립이 되는 반면에 주민은 찬성집단이나 반대집단이나 '좋
아졌다'는 응답보다는 '나빠졌다'는 응답율이 높게 나타났다.

〈표 4-34〉 公務員·住民集團別 統合意見에 대한 認識度 變化

(단위 : %)

구 분				좋아짐	나빠짐	X²
행정서비스 개선	행정기관 접근도	공무원	찬성집단	24.6	23.9	43.833 (.000***)
			반대집단	7.2	50.9	
		주 민	찬성집단	13.2	22.4	
			반대집단	5.6	33.2	
	행정정보 접근도	공무원	찬성집단	31.9	20.5	48.799 (.000***)
			반대집단	8.9	44.7	
		주 민	찬성집단	13.3	25.0	
			반대집단	9.2	33.4	
	행정의 주민참여	공무원	찬성집단	22.1	22.1	34.975 (.000***)
			반대집단	7.1	48.2	
		주 민	찬성집단	13.0	30.4	
			반대집단	5.8	37.5	
지역발전 및 지역균등 개발	지역발전 속도	공무원	찬성집단	30.5	23.4	30.182 (.000***)
			반대집단	11.6	45.5	
		주 민	찬성집단	14.7	37.5	
			반대집단	4.3	48.4	
	환경개선 만족도	공무원	찬성집단	19.0	13.4	41.629 (.000***)
			반대집단	10.8	44.2	
		주 민	찬성집단	9.8	32.2	
			반대집단	4.9	45.1	
	산업유치 만족도	공무원	찬성집단	27.1	14.3	29.685 (.000***)
			반대집단	12.4	39.8	
		주 민	찬성집단	15.3	34.2	
			반대집단	8.5	46.6	

***P < 0.01
주) 1. 좋아짐은 설문지 응답 중 약간좋아짐과 아주좋아짐을 합산한 것임.
　　 2. 나빠짐은 설문지 응답 중 약간나빠짐과 아주나빠짐을 합산한 것임.

그리고 지역별 통합 후의 인식도 변화에 대한 결과를 〈표4-35〉를 통해 알아보자.

첫째, 주민통합 및 화합에 대해서 여수시 통합 찬성집단은 '좋아졌다'고 응답한 반면 통합 반대집단은 더욱 '나빠졌다'고 응답하고 있다. 그리고 여천시나 여천군의 경우 통합 찬성집단은 '나빠졌다'는 쪽으로 선회하고 있으며, 특히 여천군의 경우는 더욱 두드러지게 나타나고 있다.

둘째, 행정서비스 개선에 대한 인식도 변화는 통합 찬성집단인 경우는 지역에 관계없이 모든 지역에서 '좋아졌다'는 응답과 '나빠졌다'는 응답율이 비슷하게 나타나고 있으나, 반대집단은 모든 지역에서 더욱 더 '나빠졌다'는 의견이 지배적이다.

셋째, 지역개발 및 지역균등개발정책에 있어서 지역별 인식도 변화를 살펴보면 여수시의 찬성집단도 '나빠졌다'는 응답율이 많았으며 여천시, 여천군의 찬성집단도 '나빠졌다'는 응답이 많이 나타났다. 여천군의 경우에는 '나빠졌다'는 응답율이 더욱 두드러진다.

결과적으로 통합투표 당시의 반대의견을 표시했던 집단은 통합에 대한 반감이 더욱 깊게 나타나는 경향을 보이고 있으며, 통합 찬성집단도 일부는 좋아지고 있다고 응답하고 있지만 여러 가지 측면에서 나빠졌다는 쪽으로 통합 후의 인식도가 부정적인 방향으로 변화되고 있다고 볼 수 있다.

따라서 통합여수시는 이에 대한 적극적인 대책을 마련하여야 할 것이며 통합목표에 부합하는 통합효과를 높이기 위해서 보다 많은 정책 개발과 부단한 노력이 필요할 것으로 보여진다.

〈표 4-35〉 地域別 統合 後 認識度 變化

(단위 : %)

구 분			찬성집단		반대집단	
			좋아짐	나빠짐	좋아짐	나빠짐
주민통합 및 화 합	통합평가	여수시	33.8	24.5	5.6	81.5
		여천시	29.3	29.3	3.0	71.9
		여천군	21.3	29.1	1.0	87.8
	주 민 화합도	여수시	21.8	15.0	1.9	63.0
		여천시	14.0	28.1	1.5	63.7
		여천군	19.2	21.3	2.0	60.2
	혐오시설 입 지	여수시	6.4	73.2	-	92.6
		여천시	3.4	56.9	2.2	70.1
		여천군	7.1	68.1	2.0	84.7
행 정 서비스 개 선	행정기관 접근도	여수시	16.4	23.0	13.5	42.8
		여천시	15.7	14.3	2.8	36.3
		여천군	16.8	26.4	4.9	37.4
	행정정보 접근도	여수시	21.4	22.5	14.5	35.4
		여천시	15.7	14.3	6.2	33.9
		여천군	15.0	29.9	8.9	41.4
	행정주민 참여도	여수시	16.6	28.9	10.5	40.0
		여천시	14.3	10.0	5.2	35.7
		여천군	14.4	34.7	4.1	48.0
지역개발 및 지역 균등개발 정 책	지역발전 속 도	여수시	21.9	35.8	9.3	45.3
		여천시	7.5	40.3	5.8	50.5
		여천군	18.0	27.6	4.8	45.2
	환경개선 만족도	여수시	12.9	25.4	11.2	42.8
		여천시	14.4	17.3	4.5	43.9
		여천군	10.1	33.9	5.6	49.2
	산업유치 만족도	여수시	19.3	22.6	16.5	32.0
		여천시	17.3	18.8	7.9	41.2
		여천군	17.4	42.5	6.4	59.7

주) 1. 찬성집단이란 통합투표당시의 찬성의견을 말하고, 반대집단은 반대 의견을 말함.
　　2. 좋아짐은 약간좋아짐과 아주좋아짐을, 나빠짐은 약간나빠짐과 아주나빠짐을 합
　　　산한 비율(%)임.

第5章 結 論

第1節 研究의 要約

지금까지 도·농 통합으로 인한 자치구역개편에 대한 영향 및 효과에 대하여 분석하였다. 도·농 통합은 그 통합과정이 적절한 절차에 의해서 이루어졌든 외부적 요인이나 정치적 요인에 의해서 이루어졌든 일단 자치구역 통합이 이루어졌으면 그 지역을 어떻게 운영하여 통합의 본래의 취지와 목표를 극대화 할 수 있는 통합의 효과를 높여야 하는 것이 통합시가 앞으로 나아가야 할 정책 방향일 것이다.

본 연구에서는 그러한 도·농 통합의 목적과 효과에 대한 논의를 바탕으로 통합여수시에 대한 지방자치단체와 지역주민들에게 미치는 통합효과를 다각도로 심도있게 분석하였다. 3여 통합의 효과를 측정하기 위해 앞에서 제시한 평가분석 틀에 의하여 주민통합부문, 행정서비스부문, 재정부문, 지역개발부문에 대한 분석결과를 요약하면 다음과 같다.

1. 住民統合 部門

첫째, 도·농 통합에 대한 의견을 묻는 질문에 대해 응답자 중 주민은 41.5%가 찬성하였고, 30.1%가 반대하였다. 공무원은 43.9%가 찬성하였고, 33.7%가 반대의견을 나타냈다. 전체적으로는 42.1%가 찬성을 표명하였고,

31.1%가 반대한다고 반응하였다. 지역별로는 여수시가 찬성율이 53.3%, 반대율이 17.6%였고, 여천시는 찬성이 20.2%, 반대율이 50.6%이었으며, 여천군은 찬성율이 45.9%, 반대가 33.1%를 나타내고 있어 지역간의 편차가 크게 나타났다.

이러한 결과로 보면, 여수시와 여천군은 통합에 찬성하고 있으나, 여천시는 통합에 대한 반대의견을 나타내고 있어 여천시는 시승격 이후 도시화의 기틀이 마련되어 가고 있다는 것을 입증하고 있다.

둘째, 통합시민으로서의 만족도 조사에서는 '보통(그저 그렇다)'이라는 응답이 42.9%로 가장 많았고, 만족(16.3%)보다는 불만족(40.8%)의 비율이 더욱 높게 나타나고 있다. 이는 주민의 입장에서 통합에 대한 기대는 매우 컸으나, 현실적으로는 아직 통합시가 광역행정의 수행으로서의 이점이 실현되지 않은 것으로 평가할 수 있겠다.

마지막으로 통합여수시 주민들간의 화합도 조사에서는 지역간의 격차가 많이 나타나고 있다. 여수시의 경우에는 '좋아졌다'는 반응과 '나빠졌다'는 반응이 비슷하게 나타나고 있으나, 반면 여천시는 43.2%, 여천군은 37.6%가 '나빠졌다'고 응답하였다. 이는 아직 지역간의 격차를 해소하지 못하고 있으며, 통합은 이루어졌어도 지역간 불균형 인식도의 차이를 좁히지 못하고 있다는 것을 입증하고 있다고 볼 수 있다.

2. 行政서비스 部門

행정서비스부문에서 도·농 통합의 효과를 보면 조직과 인사에 있어서 3여가 통합된 이후 시본청 조직과 일선 하부조직이 많이 축소되어 행정비용의 절감효과를 나타낼 것으로 예상되며 향후 공무원 인력의 감축에 따른 비용절감효과도 점차 높게 나타날 것으로 전망된다. 그리고 지방의회의원도 기초자치단체와 광역자치단체에서 모두 감소되었다. 그러나 행정구역이 확대되어 행정서비스에 대한 만족도는 약간 낮게 나타났다.

행정서비스의 불만요인으로는 공무원들의 서비스개선이 아직 주민들에게 인식되지 못하고 있는데 그 원인이 있는 것 같다. 지역별로는 여수시의 경우는 '만족한다'고 응답하였고, 여천시는 '보통'이라고 응답하므로써 상대적으로 여천군 주민들은 기대보다 효과 낮은 것으로 평가되었다. 그리고 공무원들의 인사행정에 대한 질문에서는 나빠졌다는 응답이 많이 나타났다. 특히 공무원의 신분보장과 보수 및 수당을 묻는 질문에 대한 응답율이 평균이하로 낮게 나타났다. 지역별로는 여수시의 경우에는 상대적으로 좋아졌다고 응답한 반면 여천시, 여천군 공무원들은 상대적으로 나빠졌다고 응답하였다. 이로 미루어 보아 공무원들의 신분보장 등 처우개선에 있어서는 아직 여수시에 비해 여천시와 여천군이 상대적으로 열악하다는 인식이 존재하고 있음을 알 수 있다.

3. 財政 部門

여수시통합 이후 일반회계 수입액은 통합 전에 비해서 21.9%정도 감소하였다. 이는 일반회계 수입액 중 세외수입이 전기이월액의 대폭 감소에 따른 많은 감소와 지방세(7.1%), 지방양여금(14.1%)의 약간 감소에 의한 것으로 나타났다. 그러나 지방교부금, 보조금 등은 약간 증가하는 추세로 나타났다. 일반회계 세출액 항목에 있어서 의회비, 일반행정비 등 경상적 경비는 약간 증가하였으나 전반적인 세출액은 많은 부분이 감소되어 통합으로 인한 예산절감효과가 상당히 높은 것으로 나타났다.

그리고 통합 전에 비해서 통합후의 재정자립도는 18.7%정도 떨어졌으나, 기간이 경과되어감에 따라 점차 개선되고 있다는 조짐이 나타나고 있다. 일정기간이 지나면 통합으로 인한 시너지효과가 나타날 것으로 예상된다.

또한 1인당 지방세 부담액이 1998년말에는 통합 전 175.1천원 보다 약 7.2%정도 감소한 162.5천원이었다. 이는 다른 일반통합시의 증가추세에 비하면 매우 낮은 것으로 나타났다.

4. 地域開發 部門

통합 후 통합여수시의 지역발전의 속도에 대해서는 '보통'이라는 응답자가 절반정도로 나타났고, '느리다'는 응답자가 34.6%로 '빠르다'는 응답자 15.9% 보다 훨씬 높게 나타났다. 이는 통합 후 경과기간이 짧아 통합효과로 인한 지역발전 속도에 대한 인식은 아직 나타나고 있지 않은 것으로 보인다. 그러나 공무원의 경우는 '빠르다'는 인식이 21.1%로서 주민보다는 인식이 월등히 좋았다. 이는 공무원들의 경우 그들의 시각에서 직접보고 체험한 것을 바탕으로 응답한 것으로 보아 약간 좋아졌다는 의미로 해석할 수 있겠다.

도농간의 개발균형정책에 대한 인식도 조사에서는 대부분 중립적 입장이 지배적이었지만, 주민들보다는 공무원들의 인식도는 상대적으로 높게 나타나고 있다. 또한 도시지역인 여수시에 비해 여천시민이나 여천군민의 지역개발 균형에 대한 인식도가 상대적으로 낮게 나타나는 특징을 보였다. 이것은 주민, 특히 농어촌지역 주민들의 불만이 그대로 드러난 것으로 볼 수 있다.

지역균형개발을 위한 대책으로 제시된 3가지 항목 즉, 법적·제도적 지원 강화, 중앙정부 또는 도의 재정지원 확대, 통합시 자체 종합발전계획의 수립·실시 등의 우선 순위조사에서 주민들은 모든 항목에 비슷한 응답수준을 나타냈으나, 무엇보다 중앙정부나 광역자치단체의 지원과 법적·제도적 지원에 대한 기대를 표시하였다. 반면에 공무원들의 반응은 통합시 자체 종합개발계획의 수립과 시행을 최우선순위로 보고 다음순위로 필요에 의한 중앙정부나 도재정에서의 지원을 원하며 마지막으로 법적·제도적 지원을 원한다고 응답하였다. 이 문제에 대해서는 지역 자치권과 연계해서 지역 스스로 지역개발에 힘써야 할 것으로 보이며 정부차원에서는 이 세 가지 모두를 적절히 지원해 주어야 할 것으로 보인다.

第2節 政策的 提案

여수시의 통합으로 인해서 행정서비스부문과 재정부문에서는 단기간에도 불구하고 통계자료 조사분석에서 나타났듯이 다소 긍정적인 효과를 보이고 있다. 이는 조직의 축소와 공무원 인력감축 등을 통한 행정비용의 절감효과가 조금씩 나타나고 있다는 것을 보여준다.

또한 광역행정의 효율적 수행으로 인한 외부효과의 내부화가 다소 이루어지고 있는 것으로 평가할 수 있다. 그러나 아직까지도 주민통합측면이나 지역개발측면에서는 부정적인 시각이 드러나고 있다. 통합으로 인하여 지방자치단체와 지역주민들에게 미치는 효과를 높이기 위해서는 주민통합부문과 지역개발부문에서 나타난 부정적인 측면을 보완하고 긍정적인 효과는 더욱 확대시켜 나가야 할 것이다. 이를 위한 몇 가지 정책적 대안을 제시하고자 한다.

1. 住民統合 部門

여수시·여천시·여천군은 예로부터 동일생활권과 동일문화권을 형성해 오고 있다고 할 수 있다. 그러나 여수시와 여천시가 도시화의 가속화로 시로 독립, 승격하게 되어 3여가 도시·농촌으로 분리되기에 이르렀다. 이렇듯 서로 다른 행정구역으로 분리됨으로 말미암아 여러 가지 이질화현상이 초 래되기에 이르렀다.

도·농 분리의 지속으로 인한 결과가 3여 통합이 이루어진 이후에도 주 민통합에는 상당한 장애요인으로 작용하고 있다. 이러한 장애요인을 극복하 고 통합여수시의 주민통합방안을 제시하면 다음과 같다. 첫째, 주민통합을 위해서는 우선 지역균형개발이 반드시 이루어져야 한다. 여천시·여천군민 들이 통합을 반대했던 이유가 통합후의 지역간의 심화될 지역발전격차를 우려했기 때문이다. 따라서 여수시는 통합조건으로 제시하였던 여러 가지 이행조건47)을 착실히 준수하고 상대적으로 낙후되어 있는 농촌과 도서지역

---

47) 1. 3여통합에 따른 6개 이행사항(1997. 9. 5)
　　《국회의원, 3여시장·군수, 도의원, 시·군의원 합의사항》
　　·통합시청의 위치는 현 여천시청으로 한다.
　　·통합시의회 의원정수는 현 여수시의회 의원정수와 여천시·군의회의원정 수가 동수가 되도록 조정한다.
　　·여수·여천상공회의소는 여천시로 이전하도록 추진한다.
　　·공공기관 및 사회단체도 여천시로 이전토록 추진한다.
　　·도서 및 농촌지역의 예산은 현 수준보다 더 증액하여 배정하기로 하고 여 천군에 투자되는 자체사업비의 규모는 국·도비보조사업, 양여금사업을 제 외한 총 가용재원의 30%이상 투자하기로 한다.
　　·기타 지역현안은 현 여천시·여천군에 우선권을 부여한다.
　　2. 여천군지역 발전을 위한 이행사항
　　·율촌산업단지의 배후도시 건설사업을 통합시의 우선사업으로 추진한다.
　　·혐오시설은 향후 20년이내에는 통합이전의 여천군지역에 설치를 금한다.
　　·시·군통합에 따라서 사회단체가 통합될 경우에는 단체장 및 임직원의 1/3 이상을 여천군지역 출신 인사로 선임되도록 지원한다.
　　·국가지정 지방도 22호선(덕양-백야도) 및 지방도 863호선(덕양-연도)의 개 발사업을 조속히 추진하고 현재 계획중인 백야연륙교 건설 사업을 지속 추진한다.
　　·도서출신 유학생의 편익을 위한 학숙시설을 통합이전의 현 여수시 지역에 건립토록 한다.
　　·가막만, 여자만 등 청정해역의 어업권은 지선어민들의 권익보호를 위하여 어촌계 등 지선어민에게 권리를 우선 부여한다.

의 지역개발에 우선적 투자가 이루어져야 한다.

둘째, 여수시의 정책결정과 집행과정에 여천시·군의 지역주민들의 적극적 참여를 보장해 주어야 한다. 그들에게 시정에 참여하는 기회를 확대하여 당초 그들이 우려했던 행정참여에의 소외를 해소시켜 불신을 타파하고 같은 여수시민으로서의 일체감을 갖도록 하여야 한다. 셋째, 혐오시설 등을 농촌지역으로 이전을 자제해야 한다. 통합조건에서도 나타났듯이 여수시는 혐오시설을 여천시나 여천군으로의 향후 20년간 이전을 하지 않겠다고 한 약속을 성실히 이행하여야 한다. 그리하여 여천시나 여천군 지역주민들에게 불이익이 가지 않도록 하여 이질감을 해소하고 같은 지역주민으로서 동질감을 조성해야 할 것이다.

2. 行政서비스 部門

통합이후 행정서비스분야는 상당한 개선이 진행되어 지고 있는 부분이지만 아직 해결되어야 할 부분도 적지 않다.

첫째, 조직축소와 공무원인력의 감축으로 행정비용의 절감효과는 나타나고 있으나 공무원들의 퇴출에 대한 불안심리가 작용해 사기를 저하시키고 있는 것으로 나타났다. 특히, 여천시·여천군지역 공무원들의 경우에 더욱 심리적 불안감이 조성되어 불만이 많은 것으로 조사결과에서 나타나고 있다. 그들에게 새로운 일자리를 창출해주거나 원하는 경우 한 타시도의 인력충원에 기회를 제공해줄 수 있도록 배려해주거나 당분간이라도 신규인력충원을 동결하는 조치도 단기효과는 기대할 수 있을 것으로 보인다.

둘째, 지역구를 적절히 조정하여 기초의회에 여천시·여천군 주민들이 많이 진출할 수 있도록 하여야 한다. 지역개발에 소외를 우려한 그들이 자치단체의회에 진출마저 감소된다면 그들의 불만은 더욱 고조될 것이다. 그들이 기초자치단체 의회에 골고루 진출하여 지역사회의 정책결정과정에 참여할 수 있는 기회를 제공해야 한다.

셋째, 행정의 전산화와 정보화를 통해 행정서비스를 강화하며 행정구역의 광역화로 인하여 더욱 행정기관에의 접근성이 불편해진 농촌이나 도서지방 주민들에게 행정기관의 접근도를 높여주어야 한다. 행정기관의 접근도나 행정정보에 대한 접근도는 다소 좋아졌다고 응답하고 있으나 여천시나 여천군 주민들은 아직 나아진 것이 없다고 응답하고 있다. 이를 개선하기 위하여 농촌지역이나 도서지역은 행정순회서비스를 개발하거나 온라인서비스시스템을 개발하여 농어촌주민들이 불편함이 없도록 하여야 하며, 행정기관의 방문도 한군데에서 단시간에 행정처리를 쉽게 할 수 있는 one-stop service체계를 구축하여 신속하고 편리하게 민원서비스를 받을 수 있도록 해야 한다.

또한 항상 농어촌지역주민들의 불편에 대한 의견을 수렴하고 행정정보를 공개하여 지역주민이 다같이 공유하는 열린 행정을 펴야 할 것이다. 민원서류 신청서 뒷면을 이용한 여론조사나 행정불편사항에 대한 의견을 듣는 것도 하나의 방법이 될 수 있다.

3. 財政 部門

재정부문에 있어서의 중요한 과제는 다음과 같다.

첫째, 지역개발수요에 대한 재원 확보문제이다. 지역주민에 의한 자체 재원 조달에 힘쓰고, 당분간 지속될 정부나 전라남도의 이전재원[48]과 함께 효율적인 세출운영을 통한 지역개발에 대한 투자가 이루어져야 한다.

둘째, 재원을 어떻게 효과적으로 확보하여 활용하느냐가 중요한 관건이 아닐 수 없다. 이러한 관점에서 몇 가지 대안을 제시한다. 1) 도시형 서비

---

48) 보조금 중 국고보조금과 도비보조금 내역은 다음과 같다.

스와 농촌형 서비스의 적절한 조화를 통해 수혜 계층간의 형평성을 고려한 주민생활의 기본수요를 충족시켜 주어야 한다. 세출운영이 이러한 관점에 맞추어 운용이 이루어져야 한다. 2) 광역도시 행정수행으로 공공서비스를 확충하여 외부효과를 내부화시키는 행정비용 절감을 위한 경영합리화가 필요하다. 3) 낙후지역인 농어촌주민 특히 여천군주민들의 조세부담이 증가하지 않도록 지방세과세특례를 인정해 주어야 한다. 그리고 세수확충을 위해 누진적 세원을 새로 개발하거나 새로운 경영마인드를 도입하여 공공수익사업을 활발하게 영위하거나 지역특화산업의 유치를 통하여 세원을 확보하는 방법도 필요하며 민·관이 서로 유기적으로 협조하는 체제를 구축하는 것이 바람직 할 것이다.

셋째, 정부에서는 도농통합시에 대해서는 일정기간 지방교부세 배분에 있어서 특례를 인정하고 있다. 즉, 향후 5년간 도시지역은 시의 산정기준으로, 농촌지역은 군의 산정기준으로 산정하여 지원해주도록 되어 있다. 그러나 지방교부세나 보조금 등 정부의 지원에 의존하지 말고 통합시 자체적으로 자립의지를 길러 재정자립도를 높여 나가야 할 것이다.

4. 地域開發 部門

여수시는 이제 통합을 통하여 광역도시로서의 면모를 갖추고 지역균형개발과 공공서비스의 효율적 배분을 수행하기 위해서 광역권 장기 종합발전계획

(단위: 백만원)

구 분	1997년(통합전)	1998년(통합후)	1999년(예산)
국비보조금	25,656	33,550	45,217
도비보조금	23,364	36,120	12,951
합 계	49,020	69,670	58,168

자료: 지방재정연감. 1988.
여수시 시정자료. 1999.

을 수립하여야 할 때이다. 여기에는 토지이용은 물론이고 정치, 경제, 사회, 문화, 교육 등 모든 분야에 있어서의 도시와 농촌, 도서지방을 잇는 발전계획이 수립되어야 한다. 주민의견조사에서도 나타났듯이 여천시와 여천군주민들은 지역균형발전에 대한 속도를 거의 느끼지 못한다고 하였다. 이는 상대적으로 농촌지역이 도시지역보다 개발에서 통합의 기대에 미치지 못하고 낙후되지나 않을까 하는 우려의 의사표시일 것이다. 또한 통합에 대한 기대는 매우 컸으나, 단기간에 그 영향이 나타날 것이라는 성급한 기대에 비추어서 현시점에서는 아직 그들의 기대에 부응할 만한 가시적 효과는 거의 나타나지 않고 있기 때문에 설문조사에 대한 반응은 '보통(그저 그렇다)'과 '불만족'의 의사표시가 많았다. 향후 통합여수시의 통합에 대한 효과성을 증대시키고 주민화합과 결속을 위해서는 지역 균형개발정책이 우선되어야 한다.

이러한 문제를 해결하기 위한 방편으로 첫째, 농촌지역에 정주생활권을 보장하는 정주기반조성이 필요하다. 농촌이나 도서지방 주민들이 상대적으로 주거기반이 열악하고 도시로의 취업기회도 분리하기 때문에 도심으로의 이주를 원할 지도 모른다. 그들이 생활지역에 정착하기 위한 도로, 교통, 상하수도 등 주거환경을 개선하고 교육, 문화센터 등 편의시설을 제공하여 지역개발에 있어서 낙후되지 않고 균형개발이 이루어질 수 있도록 투자를 아끼지 말아야 한다.

둘째, 농촌지역이나 도서지역에서 그 지역의 특성을 살리는 특산품을 개발하는 등 지역특화사업을 실시한다든지 지역적 호조건을 살려 관광이나 레저산업을 유치하여 주민의 소득증대를 통하여 국제적 경쟁력을 살리고 세계화시대에 걸 맞는 지방화의 초석이 될 수 있도록 적극 노력을 하여 자립심을 기를 수 있도록 배려하여야 한다. 또한 그들의 판로나 관광객 유치를 위한 도로확충과 교통망을 도시지역과 연계해서 발전시켜 나가야 할 것이다. 이는 또한 AND화적 교류와 동일시민으로서 일체감을 형성하는데 도움이 될 것이다.

셋째, 여수시나 여천시의 도심을 연계해서 농촌과 도서지역인 여천군과 공업단지로서의 기반을 다진 여천시의 경제력을 수용하기 위해서 중심도시화를 이루어 나가야 한다. 이를 통하여 세계화·지방화의 국제경쟁력시대에 광역도시로서의 역할과 성장·발전을 이룩하고 정보·산업·금융·유통·연구 등을 꾸준히 개발하여 급변하는 환경변화에 경쟁의 주체로서 능동적으로 대처할 수 있도록 하여야 한다.

第3節 研究의 限界

지금까지 통합여수시의 도·농 통합에 의한 지방자치단체와 지역주민들에게 미치는 영향평가에 대해서 조사·분석하였다. 본 연구가 향후 통합여수시의 효과적인 운영과 장래에 이루어질 도·농 통합에 있어서 방향설정과 효과성을 도모하는데 기초자료로 제공되어 많은 도움이 되었으면 한다.

아울러 본 연구에는 몇 가지 한계점을 지니고 있다는 것을 밝혀둔다.

첫째, 객관적 통계자료의 한계를 들 수 있다. 1998년 4월 1일을 기준으로 여수시가 통합을 이루었기 때문에 회계연도 도중에 중단이 되어 각종 통계자료가 불명확하여 객관적자료 분석에 많은 어려움이 있었다. 여수시에서도 정확한 데이터를 분석하여 제시하지 못하고 있었다. 따라서, 3여 지역의 통계연보와 시정백서 그리고 행정자치부의 지방재정연감 등을 이용하여 1997년과 1998년의 통계자료를 추산할 수밖에 없었다. 또한 통합을 이룬 지 1년밖에 경과하지 않았기 때문에 통합 후의 비교기간이 짧아 효과를 분석하기엔 다소 미흡한 점이 있으리라 생각된다. 그렇지만 앞으로 통합의 효과를 높이기 위해서는 통합 전의 년도별 평가기준을 지표로 개발하고 통합 후의 효과를 체계적으로 추적하여 시계열적 분석이 이루어져야 할 것이며, 그러한 평가지표를 자지고 계속적인 분석과 관리가 이루어져야 할 것이다. 또한 3여 지역과 도농지역간에 대한 영향평가에 대해서도 분석해 볼 필요가 있겠으나 통합 후에는 3여 지역별로 통계자료가 구분되어 있지 않았다.

　이러한 객관적 통계자료를 통한 지역별 효과분석이 다소 미흡하여 부득이 이를 보완하기 위하여 설문조사를 실시하였으나 이 또한 경과기간이 짧은 관계로 정확한 응답을 기대하기에는 다소 이르다는 것을 절감할 수 있었다.

　둘째, 앞에서 지적한대로 통합에 대한 영향평가조사가 다소 이른감이 있었다는 것이다. 도·농 통합이 자치구역개편에 따른 효과는 특성상 단기간에 가시화되기 보다는 오랜 기간을 거쳐서 서서히 나타나는 것이다. 지역발전이나 지역간 균형개발 등은 특히 그렇다. 이러한 측면을 고려해 볼 때 통합여수시가 발족한 지 일년밖에 되지 않은 시점에서 주민과 공무원들의 의견조사를 통하여 통합에 대한 평가분석이 시기적으로 다소 빨리 이루어졌다는 것을 시인한다. 지역주민들도 처음에는 통합에 대한 기대는 컸으나 아직 도농간 지역적 격차의 해소와 지역균형개발 등에 대한 평가는 부정적인 반응을 나타내고 있다. 이는 아직 기대만큼의 효과가 나타나지 않은 것으로 평가된다.

　마지막으로 이 조사에 대한 평가분석을 계기로 향후에는 도농통합에 대한 보다 심도있는 연구가 계속 이루어지기를 기대하면서 통합여수시가 주민들에 의한 자발적인 통합에 이른 표본으로서 장래의 도·농 통합의 결정과정과 통합 후 운영면에서 좋은 귀감이 되었으면 한다.

참고문헌

1. 국내문헌

(1) 단행본

김번웅, 김동현, 김판석, 「한국행정개혁론」, 법문사, 1997.

김병국 편역,「영국의 지방행정계층구조 개편과정: 잉글랜드 지역을 중심으로」, 한국지방행정연구원, 1997.

김병완 외, 「지방자치와 지역정책」, 한울아카데미, 1997.

김병준, 「지방자치론」, 법문사, 1998.

나라정책연구회편, 「한국형 지방자치의 청사진」, 길벗, 1998.

내무부(행정자치부), 「1995 지방재정연감」,1995.

내무부(행정자치부), 「1996 지방재정연감」,1996.

내무부(행정자치부), 「1997 지방재정연감」,1997.

내무부(행정자치부), 「1998 지방재정연감」,1998.

내무부, 「행정구역개편백서(1994-1995)」, 1995.

노융희, 「한국의 지방자치」, 녹원출판사, 1987.

박수영, 「도시행정론」, 박영사,1996.

박종화, 윤대식, 이종렬, 「지역개발론」,박영사,1995.

박종화, 윤대식, 이종렬, 「도시행정론」,대영문화사,1999.

백완기, 「행정학」, 박영사, 1997.

심정근 외, 「지방재정론」, 박영사,1997.

여수시, 「시정백서」, 1998.

여수시, 「여수통계연보」, 1998.

여천시, 「통계연보」, 1997.

여천군, 「군정백서」, 1997.

이기옥, 「지방자치이론」, 학현사, 1996.

이성복, 「도시정책론」, 법문사, 1998.

이종수, 윤영진외, 「새행정학」, 대영문화사, 1998.

이창원, 최창현, 「새조직론」, 대영문화사, 1998.

정세욱, 「지방행정학」, 법문사, 1996.

조창현, 「정부간 관계-이론과 실제」, 법문사, 1997.

조창현 외, 「한국 지방자치의 쟁점과 과제」, 문원, 1995.

지방행정연구원, 「지방행정구역개편방향에 관한 연구」, 지방행정연구원, 1997.

최양부, 윤원근, 「행정구역의 합리적 조정방안: 정주체계에 따른 도·농 통합적 행정구역의 모색」, 한국농촌경제연구원, 1988.

최창호, 「지방자치학」, 삼영사, 1997.

한원택, 「지방행정론: 이론, 제도, 실제」, 법문사, 1995.

황명찬, 「지역개발론」, 법문사, 1992.

홍준현, 「시·군통합에 의한 지방행정구역개편의 영향평가」, 한국행정연구원, 1997.

(2) 논 문

권경득, "지방정부의 행정서비스에 대한 지역주민의 평가에 대한 연구(아산시를 중심으로)", 1996.

김동훈, "지방행정개혁의 방향과 과제", 「지방자치」, 현대사회 연구소, 1998. 2.

김병준, "작고 효율적인 지방정부 운영을 위한 개혁과제", 「지방자치」, 현대

사회연구소1998.

김병준, "다시보는 도·농통합: 경제논리에 밀린 정치논리", 「지방자치」, 현대
　　사회연구소, 1994. 10.

김선기, "도농복합시의 도시계획체제 정립", 「지방행정연구」, 한국지방행정
　　연구원, 1996. 5.

김선기, "통합시의 배경과 과제", 「도시문제」, 대한지방행정공제회, 1995. 3.

김안제, "시군통합과 공간계획의 과제 ", 「도시정보」, 대한국 토·도시계획학
　　회, 1994. 9.

김안제, "행정구역개편의 당위론과 현실론", 「자치행정」, 지방행정연구소,
　　1994. 4.

김 영, "지방화시대 광역권계획의 새로운 시각 - 진주권의 보다 효과적인
　　개발을 위해-", 1994.

김영모, "지역개발의 현황과 문제점", 「한국행정연구(제6권제4호)」, 1997. 겨
　　울호.

김영모, "도농통합도시의 도시개발방향에 대한 제언", 「도시문제」, 대한 지
　　방행정공제회, 1996. 1.

김익식, "도농통합형 행정구역개편의 영향과 과제", 「토지연구」, 한국토지공
　　사, 1995. 10.

김진복, "주민, 공무원, 지방의원의 자치인식 비교를 위한 실증연구", 「한국행
　　정논총」, 1998.

노융희, "지방자치단체에 있어 적정구역의 기준설정", 「한국의 지방자치」, 녹
　　원출판사, 1988.

박세정, "지방행정 개혁의 기본방향", 「지방자치」, 현대사회연구소, 1996.

배성문, "지방자치 제도화의 과제와 정책건의 -지방자치정부의 형태- ", 「지
　　방자치」, 1996.

오연천, "지방정부 개혁의 논리와 정부간 관계의 구축", 「행정논총」36(1),

168

1998. 6.

오희환, "행정구역개편, 분리와 통합의 장점 모두 살려야 ", 「지방자치」,
　　　1994.

유병욱, "지방행정구역 개편의 기초적 논의 -시·군 통합의 전제 -", 「지방
　　　자치」, 1994.

유승남, "신국제질서의 갈등구조를 조명하는 문명파라다임에 대한 비판적
　　　고찰",「사회과학연구」제10집, 국민대학교 사회과학연구소, 1998.

이규환, "국제경쟁력 강화를 위한 행정구역 개편방안", 「지방자치」, 현대사
　　　회연구소, 1994.

이수만, "도농통합시의 향후 발전과제", 「지방자치」, 현대사회 연구소, 1995. 10.

이시종, "시군통합추진상황과 향후과제", 「지방자치」, 1994.

이재원, "다시 짚어보는 행정구역의 통합과 분리 -행정구역개편과정에서 잊
　　　고 있는 논의들- ", 1996.

이재원, "도·농 통합 이후, 복합형도시의 지역균형개발과제 - 통합 구미시
　　　를 중심으로-", 1996.

이창원, 최창현, 권해수, "지방자치단체의 조직효과성 평가에 관한 연구 -계
　　　층분석절차 기법을 이용한 평가지표의 개발 및 적용-", 「한국행정
　　　학보」제32권 제1호, 1998.

정세욱, "행정구역개편의 필요성과 한계",「국회보」, 1994.7월호.

홍준현, "지방행정 계층구조 개편방안",「한국행정연구」, 제7권 제1호, 1998.

2. 국외문헌

(1) 단행본

Barlow L. M., *Spatical Dimentions of Urban Government*, New York: John Wiley & Ltd., 1981.

Byrne, T., *Local Government in Britain*, London: Penguin Books, 1994.

Cox K. R. and Johnson, R. J., *Conflict, Politics and The Urban Scene*, London: Longman, 1982.

Dearlove, J., *The Reorganization of British Local Government: Old Orthodoxies and a Political Perspective*, Cambridge: Cambridge University Press, 1979.

Fesler, J. W., *Area and Administration*, Alabama: University of Alabama Press, 1949.

Friedmann, J., *Life Space and Economic Space: Essays in Third World Planning*, New Brunswick and Oxford: Transaction Books, 1988.

Friedmann, J. and Douglass, M., *Agropolitan Development: Towards a new strategy for regional development in Asia*, In United Nations Center for Regional Development, 1975.

Friedmann, J. and Weaver, C., *Territory and Function: The Evolution of Regional Planning*, Berkeley and Los Angeles: University of Califonia Press, 1979.

Leemans, A. F., *Changing Patterns of Local Government*, Hague: The International Union of Local Authorities, 1970.

Lipman, V. D., *Local Government Areas, 1834-1945*, Oxford: Basil Blackwell, 1949.

Millspaugh, A. C., *Local Democracy and Crime Control*, Washington, DC:

Brookings Institution, 1936.

(2) 논 문

Alonso, W., "The Economics of Urban Size", in Friedmann, J. and Alonso, W. ed., *Regional Policy: Readings in Theory and Applications Cambridge*, Mass: M.I.T. Press, 1975.

Friedmann, J., "A General Theory of Polarized Development", Hansen, N.M. ed., *Growth Centers in Regional Economic Development*, The Free Press, 1972.

Friedmann, J., "The Active Community: Toward a Political- Territorial Framework for Rural Development in Asia", *Economic Development and Cultural Change*, 1981.

Gilbert, A. "The Arguments for very Large Cities Reconsidere d", *Urban Studies*, Vol.13, 1976.

Hansen, N.M., "Development from Above: The Centre-Down Development Paradigm", Stohr, W.B.ed., *Development from Above or Below?* New York: John Wiley and Sons Ltd., 1981.

Held, D., "The Democracy, Nation-States and Global System", D. Held(ed.), *Political Theory Today*, Cambridge: Cambridge University Press, 1991.

Lyons, W. E. and Lowery, D., "Government Fragmentation versus Consolidation: Five Public Choice Myths about How to Create Informed, Involved and Happy Citizen,"*Public Administration Review* 49, 1989.

Nagamine, H., "Human Needs and Regional Development", *Regional Development Series*, Vol. 7, Nagoya Japan: Maruzen Asia, 1981.

Ostrom, E. "Metropolitan Reform Propositions Derived from Two Traditions,"*Social Science Quarterly* 53, 1972.

Rogers, B. and Lipsey, M., "Metropolitan Reform: Citizen Evaluations of Performance in Nashiville-Davidson County, Tennessee", *Publius* 4, 1974.

Tiebout, C. M., "A Pure Theory of Local Expenditure", in M.Edel and J. Rothenberg, eds. *Reading in Urbal Economics.* New York, NY : McMillan, 1972.

Wolman, H.,"Decentralization : What It is and Why We should Care ," in R. J. Benett (ed.). *Decentralization, Local Governments, and Market : Towards a post-Welfare Agenda.* Oxford, U.K. : Clarendon, 1990.

【부록 I : 대주민용 설문지】

통합여수시 효과성 분석에 대한 설문서

안녕하십니까?

본 설문지는 " 통합 여수시를 중심으로 행정구역 통합의 효과성 "에 대하여 알아보고자 한 것입니다. 통합 여수시에 거주하시는 주민여러분께서 응답해 주시는 이 내용은 연구의 귀중한 자료가 되오니 바쁘시더라도 성심성의껏 응답해 주시기 바랍니다.

무기명으로 된 여러분의 응답은 본 연구목적 이외에는 사용하지 않을 것을 약속드립니다.

(공동연구) 국민대학교 사회과학연구소
순천대학교 여수대학교

※ 귀하의 신상에 관한 다음 문항을 읽고 해당칸에 ∨표시해 주시기 바랍니다.

1. 현재 거주지(통합전 행정구역상 위치)는 어디입니까?
　　① 여수시(　) ② 여천시(　) ③ 여천군(　)

2. 귀하의 연령은?
　　① 20대(　) ② 30대(　) ③ 40대(　) ④ 50대(　) ⑤ 60대(　)
　　⑥ 70대 이상 (　)

3. 귀하의 성별은?
　① 남(　) ② 여(　)

4. 귀하의 학력은?
　　① 국졸 이하(　) ② 중졸(　) ③ 고졸(　) ④ 대졸 이상(　)

5. 귀하의 월평균 가계소득에 해당하는 눈금자에 ∨표시해 주십시오.(단위: 만원)

```
    0    100   200    300    400    500    600    700    800    900   1000이상
    |_____|_____|_____|_____|_____|_____|_____|_____|_____|_____|
```

※ 여수시 통합에 대한 귀하의 의견을 해당 사항에 ∨표시해 주시기 바랍니다.

6. 여수시 통합에 대한 귀하의 의견 표명(통합 투표 당시)은 어떠하셨습니까?
① 찬성(   ) ② 반대(   ) ③ 중립(   ) ④ 모르겠다(   )

7. 여수시 통합후 '통합시'에 대한 귀하의 종합적 평가는 어떻습니까?
① 매우불만(   ) ② 약간불만(   ) ③ 보통(   ) ④ 약간만족(   )
⑤ 매우만족(   )

8. 여수시 통합후 3여(여수시, 여천시, 여천군)주민들의 화합도는 어떻습니까?
① 아주 나쁨(   ) ② 약간 나쁨(   ) ③ 보통(   ) ④ 약간좋음(   )
⑤ 아주좋음(   )

9. 현재 거주하고 계신 곳에 혐오시설(쓰레기소각장, 오수처리시설 등)이 들어서는 것에 대한 생각은 어떻습니까?
① 매우불만(   ) ② 약간불만(   ) ③ 보통(   ) ④ 약간만족(   )
⑤ 매우만족(   )

10. 여수시 통합후 살고 계시는 지역의 지방행정관청(시청, 군청, 읍면동 사무소 등)을 방문하신 적이 있으십니까?
①있다(   ) ②없다(   )

11. 방문하신 경험이 있으신 경우 다음의 사항을 어떻게 생각하십니까?

	《아주 나쁨》	←	《보통》	→	《아주 좋음》
직원들의 친절성	1	2	3	4	5
직원들의 적극성	1	2	3	4	5
민원인을 위한 시설	1	2	3	4	5
업무처리의 신속성	1	2	3	4	5
업무처리의 정확성	1	2	3	4	5
업무처리의 공정성	1	2	3	4	5

12. 여수시 통합 후 살고 계시는 지역의 지방행정 서비스의 질은 어떻게 되었습니까?

	《아주 나빠짐》	←	《보통》	→	《아주 좋아짐》
행정기관에의 접근	1	2	3	4	5
행정정보의 접근도	1	2	3	4	5
행정의 주민참여도	1	2	3	4	5
민원서류 발급	1	2	3	4	5
지역경제 활성화	1	2	3	4	5
교통편의시설	1	2	3	4	5
교통소통	1	2	3	4	5
쓰레기 처리	1	2	3	4	5
재활용 처리	1	2	3	4	5
공기청정도 개선	1	2	3	4	5
사회복지 시설	1	2	3	4	5
사회복지시설 이용도	1	2	3	4	5
사회복지 서비스	1	2	3	4	5
상수도 (수돗물)	1	2	3	4	5
하수도(오수, 우수)	1	2	3	4	5
보건서비스	1	2	3	4	5
위생점검	1	2	3	4	5
공원 및 체육시설	1	2	3	4	5
시설물 안전	1	2	3	4	5
소방시설	1	2	3	4	5

13. 여수시 통합후 지역발전의 속도는 어떻다고 생각하십니까?

　　① 매우느리다(　　)　② 약간느리다(　　)　③ 보통(　　)

　　④ 약간빠르다(　　)　⑤ 매우빠르다(　　)

14. 여수시 통합후 도시·농촌간의 개발균형정책은 어떻게 되었습니까?

	《아주 나빠짐》 ←	《보통》 →	《아주 좋아짐》
생활환경개선 만족도	1	2　　3　　4	5
산업유치 만족도	1	2　　3　　4	5
관광·레저시설 유치	1	2　　3　　4	5
도·농간 도로교통체제 개선	1	2　　3　　4	5

15. 지역 균형발전을 위한 우선 순위는? (번호로 표시해 주십시오)

　　법적·제도적 지원강화(　　)

　　중앙정부 또는 도의 재정지원확대(　　)

　　통합시 자체 종합 발전계획의 수립·시행(　　)

☆ 질문에 끝까지 응답해 주셔서 진심으로 감사드립니다.

【부록Ⅱ: 대공무원용 설문지】

> ## 통합 여수시의 효과분석에 대한 설문서

안녕하십니까?
　본 설문지는 "통합 여수시를 중심으로 행정구역 통합의 효과성"에 대하여 알아보고자 한 것입니다. 통합 여수시에 근무하시는 공무원여러분께서 응답해 주시는 이 내용은 연구의 귀중한 자료가 되오니 바쁘시더라도 성심성의껏 응답해 주시기 바랍니다.
무기명으로 된 여러분의 응답은 본 연구목적 이외에는 사용하지 않을 것을 약속드립니다.

(공동연구) 국민대학교 사회과학연구소
순천대학교 여수대학교

※ 귀하의 신상에 대한 다음 해당사항에 ∨표시해 주시기 바랍니다.
1. 귀하의 통합전 근무지는?
　① 여수시 관내(　) ② 여천시 관내(　) ③ 여천군 관내(　)

2. 귀하의 현재 근무지는?
　① 여수시 관내(　) ② 여천시 관내(　) ③ 여천군 관내(　)

3. 귀하의 연령은?
　① 20대이하(　) ② 30대(　) ③ 40대(　) ④ 50대(　)
　⑤ 60대 (　) ⑥ 70대 이상 (　)

4. 귀하의 성별은?
　① 남(　) ② 여(　)

5. 귀하의 학력은?

　　① 국졸 이하(　　) ② 중졸(　　) ③ 고졸(　　) ④ 대졸 이상(　　)

6. 귀하의 출신지는?

　　① 여수시(　　) ② 여천시(　　) ③ 여천군(　　)

7. 귀하의 직급은? (　　　급)

※ 여수시 통합에 대한 귀하의 의견을 해당사항에 ∨표시해 주시기 바랍
　니다.

8. 여수시 통합을 원하셨습니까?

　　① 찬성(　　) ② 반대(　　) ③ 중립(　　) ④ 모르겠다(　　)

9. 여수시 통합후 공무원들에 대한 다음의 경우 어떻게 되었다고 생각하
　십니까?

	《아주 나빠짐》	←	《보통》	→	《아주 좋아짐》
역할에 대한 갈등	1	2	3	4	5
응집도	1	2	3	4	5
의사결정에 대한 참여도	1	2	3	4	5
신분보장	1	2	3	4	5
보수 및 수당	1	2	3	4	5
승진	1	2	3	4	5
근무성적 평가의 공정성	1	2	3	4	5
근무지 배속	1	2	3	4	5
업무의욕	1	2	3	4	5

10. 여수시 통합후 살고 계시는 지역의 지방행정 서비스의 질은 어떻게
    되었습니까?

	《아주 나빠짐》	←	《보통》	→	《아주 좋아짐》
행정기관에의 접근	1	2	3	4	5
행정정보의 접근도	1	2	3	4	5
행정의 주민참여도	1	2	3	4	5
민원서류 발급	1	2	3	4	5
지역경제 활성화	1	2	3	4	5
교통편의시설	1	2	3	4	5
교통소통	1	2	3	4	5
쓰레기 처리	1	2	3	4	5
재활용 처리	1	2	3	4	5
공기청정도 개선	1	2	3	4	5
사회복지 시설	1	2	3	4	5
사회복지시설 이용도	1	2	3	4	5
사회복지 서비스	1	2	3	4	5
상수도 (수돗물)	1	2	3	4	5
하수도(오수, 우수)	1	2	3	4	5
보건서비스	1	2	3	4	5
위생점검	1	2	3	4	5
공원 및 체육시설	1	2	3	4	5
시설물 안전	1	2	3	4	5
소방시설	1	2	3	4	5

11. 여수시 통합후 지역발전의 속도는 어떻다고 생각하십니까?

   ① 매우느리다(　) ②약간느리다(　) ③보통(　)

   ④ 약간빠르다(　) ⑤매우빠르다(　)

12. 여수시 통합후 도시·농촌간의 개발균형정책은 어떻게 되었습니까?

	《아주 나빠짐》	←	《보통》	→	《아주 좋아짐》
생활환경개선 만족도	1	2	3	4	5
산업유치 만족도	1	2	3	4	5
관광·레저시설 유치	1	2	3	4	5
도·농간 도로교통체제 개선	1	2	3	4	5

13. 지역 균형발전을 위한 우선 순위는? (번호로 표시해 주십시오)

　　법적·제도적 지원강화(　　)

　　중앙정부 또는 도의 재정지원확대(　　)

　　통합시 자체 종합 발전계획의 수립·시행(　　)

☆ 질문에 끝까지 응답해 주셔서 진심으로 감사드립니다.

• 저자 •

최락인

•약 력•

국민대학교 법정대학 정치외교학과 졸업
연세대학교 행정대학원 행정학 석사
국민대학교 대학원 행정학 박사
산업자원부 경영지도사
기업기술연구원 조사연구실 책임연구원
순천대, 여수대 강사
한국컴퓨터정보학회 편집위원
행정관리사 1급 정책분석사
여성부 남녀평등의식 교수
성결대학교 북한학연구소 책임연구원
성결대학교 인간관계회복연구소 부소장
성결대학교 사회과학대학 지역사회개발학부 교수

•주요논저•

「지방재정보전을 위한 정부제도에 관한 연구」
「북한 지역사회의 주택에 관한 실증적 연구」
「A Study on North Korea Army leadership and personal policy」
「지역사회 주민의 관계성 확보방안」
「선거의 유래」
「도농통합형 지방정부의 효과성 분석」
「지방자치단체의 재정확충 제고방안에 관한 사례별 조사 연구」
「개별기술 평가모델 개발에 관한 연구」

•저 서•

『남북통일 후의 주택정책 및 공공주택 건설에 관한 연구』(공저)
『정보화 사회이론』(공저)
『우리나라 기금운영의 평가와 개선방안』
『지방자치와 지방재정』
『관료제론』
『지역사회행정론』(공저)
외 다수

행정구역 개편과 시군통합의 효과

- 초판 인쇄   2006년 6월 20일
- 초판 발행   2006년 6월 20일

- 지 은 이   최락인
- 펴 낸 이   채종준
- 펴 낸 곳   한국학술정보㈜
             경기도 파주시 교하읍 문발리 526-2
             파주출판문화정보산업단지
             전화 031) 908-3181(대표) · 팩스 031) 908-3189
             홈페이지 http://www.kstudy.com
             e-mail(e-Book사업부) ebook@kstudy.com
- 등   록   제일산-115호(2000. 6. 19)
- 가   격   22,000원

ISBN   89-534-5196-5 93350 (Paper Book)
        89-534-5197-3 98350 (e-Book)